前置詞の習得こそ、英語上達の一番の近道！

これは、長年教壇に立ってきた中で
私が感じていることです。

だから、イラストを見るだけで、
ネイティブみたいに「**感覚で**」
前置詞の使い方がわかるようになる
すごい図鑑を作りました！

英語の前置詞は、日本語で言えば
助詞「を」「に」「へ」「から」「より」「で」「まで」
と覚えている方も多いのではないでしょうか。

でも、その覚え方では
「りんご」←→「apple」のような
1対1の訳にはならず、
和英辞典を片手に
「どれ!?」と迷ってしまいませんか？

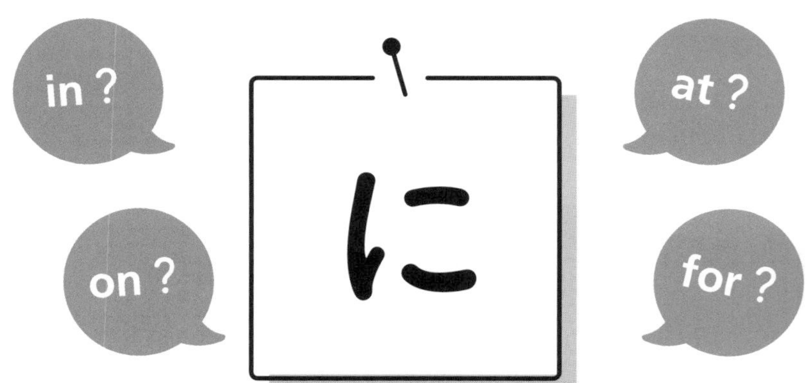

日本語では同じ「に」なのに、
英語だとこんなにたくさん！

● 箱に猫がいる。

「箱の中にいる」だから　**in**

There's a cat in the box.  **p.18**

● 壁にハエがいる。

「壁にくっついている」だから　**on**

There's a fly on the wall.  **p.64**

● ドアの所に誰かいる。

「ドアという地点に」だから　**at**

There's someone at the door.

 **p.45**

● あなたにあげる。

「あなたへのプレゼント」だから　**for**

Here's a present for you.  **p.106**

英語から日本語に訳す際はなんとかなっても、
日本語を英語にしようとするとできない……。

だから、前置詞を習得することが、
英語上達の一番の近道なんです。

「でも、全部覚えるなんて無理……」
というあなたに、朗報です。

その悩み、前置詞が持つ
言葉の「イメージ」を理解すれば
克服できます！

31の前置詞（または副詞）のコアイメージ

＋

受験対策にもなる必修フレーズを729点掲載！

そこで考案したのが、
この『**英語の前置詞使いわけ図鑑**』。

前置詞のニュアンスをイメージ化したイラストと、
語源や他の前置詞との比較にふれた解説で、
多方面からアプローチするから、
前置詞の理解が深まります。

だから、英語初心者から上級者まで、
誰でも前置詞をマスターできます。

しかも、入試問題や英検・TOEIC などに
頻出する英熟語を厳選したので、
受験生や英語指導者も必読です！

前置詞をマスターするステップは たったの3つ！

Step 1
前置詞のイメージを視覚で覚える

ネイティブが前置詞を覚えるのと同じ感覚でマスターできるように、ポイントとなる部分に色をつけるなどイラストに工夫をしました。

Step 2
たくさんの例文をインプットする

前置詞のイメージを感じながら英文を読んで、イメージを定着させます。

Step 3
熟語を覚えてアウトプット力UP

英文を書いたり話したりする時に役立つ熟語を、例文つきで掲載しました。

本書の使い方

Step 1
前置詞のイメージを視覚で覚える

前置詞のコアイメージをイラストでマスター

31の前置詞のニュアンスをイラスト化。視覚を使って右脳に焼きつけることで、記憶に定着させます。

詳しい解説でネイティブの感覚を習得

語源の話などもある、読むだけで楽しい解説。それぞれの前置詞のニュアンスがわかりやすくなります。

02

at

⑤狙い・対象の一点・感情の原因

Step 1　イメージで覚える！

「動き」を表す動詞が、狙った方向に向かうイメージ。

視線を一点に向けられた時の反応をさすat

The eagle looks at the frog.（ワシがカエルを見る）の look（見る）ように「動き」を表す動詞が、ある一点へ向かうイメージの at と結びつくと、ある特定のものへの「狙い」や「対象」を表すことになります。矢印はワシからカエルに向いています。throw a ball to the dog は「犬にボールを投げる」ですが、throw a ball at the dog なら「犬にボールを投げつける」です。
一方、狙いの対象になるカエルの視線はワシに向けられ矢印が反対方向に変わります。そのため、The frog is surprised at the eagle.（カエルはワシにビックリしている）の at は驚きの「原因」になります。

60

この本は、3つのステップに沿った構成になっています。

Step 2 たくさんの例文をインプットする

at ⑤

Step 2 イラスト＆例文でマスター！

1 指輪を「対象」に

Can I have a look at this ring?
この指輪を見せてくれますか？

2 時計を「対象」に

He glanced at his watch.
彼は時計をちらっと見た。

3 ドアを「対象」に

He kicked at the door but it didn't open.
彼はドアを蹴飛ばしたが開かなかった。

4 私を「対象」に

The baby smiled at me.
赤ちゃんは私を見てほほ笑んだ。

声に出して笑う様子は laugh at ~。

61

簡単な例文で初級者でも使える
例文で実際に使うシーンをイメージ。イラストの色や矢印で、各前置詞のニュアンスを表現しています。挿絵ではなく、前置詞のニュアンスを表したイラストなので、例文と一致しないものもあります。

上級者でも目からうろこの情報がたっぷり
使いわけに迷う前置詞との比較や、覚えておきたい語句や文法、語源などのポイントもチェック！

本書で扱う「前置詞」について

便宜上、全てを「前置詞」とよんでいますが、around、on、inなど前置詞の他に副詞や形容詞としても働く語を含んでおります。また、本書は会話に役立つことをコンセプトとしているため、out（一部前置詞の用法もあり）やawayのように会話では頻繁に使われる副詞だけのものも扱っています。

Step 3
熟語を覚えてアウトプット力UP

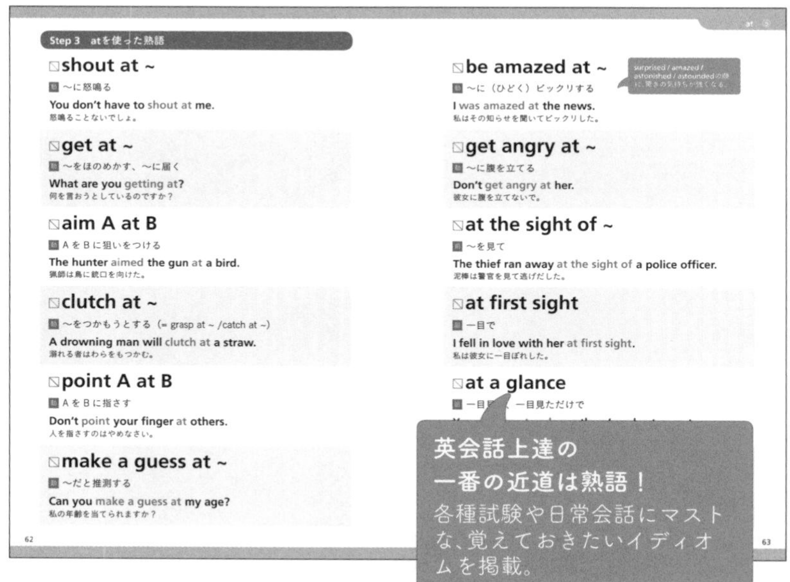

Step 3 atを使った熟語

□shout at ~
～に怒鳴る
You don't have to shout at me.
怒鳴ることないでしょ。

□get at ~
～をほのめかす、～に届く
What are you getting at?
何を言おうとしているのですか？

□aim A at B
AをBに狙いをつける
The hunter aimed the gun at a bird.
猟師は鳥に銃口を向けた。

□clutch at ~
～をつかもうとする（= grasp at ~ /catch at ~）
A drowning man will clutch at a straw.
溺れる者はわらをもつかむ。

□point A at B
AをBに指さす
Don't point your finger at others.
人を指さすのはやめなさい。

□make a guess at ~
～だと推測する
Can you make a guess at my age?
私の年齢を当てられますか？

62

□be amazed at ~
～に（ひどく）ビックリする
surprised / amazed / astonished / astounded の順に、驚きの気持ちが強くなる。
I was amazed at the news.
私はその知らせを聞いてビックリした。

□get angry at ~
～に腹を立てる
Don't get angry at her.
彼女に腹を立てないで。

□at the sight of ~
～を見て
The thief ran away at the sight of a police officer.
泥棒は警官を見て逃げだした。

□at first sight
一目で
I fell in love with her at first sight.
私は彼女に一目ぼれした。

□at a glance
一目見ただけで

63

英会話上達の
一番の近道は熟語！
各種試験や日常会話にマストな、覚えておきたいイディオムを掲載。

本書で掲載する品詞について

Step3では意味の理解を深めるため、品詞も掲載しています。ここでは、同じinでもin a hurry（急いで）は副詞、Why are you in such a hurry?（なぜ、そんなに急ぐのですか）のように、be動詞の後で形容詞的に使われているものについては、形容詞と示しています。

また、ここで「動詞」と扱っているものには句動詞も含まれます。句動詞とは、look at（詳しくはp.61）、turn off（詳しくはp.160）、look up to（詳しくはp.242）のように、「動詞＋前置詞」「動詞＋副詞」「動詞+副詞+前置詞」など、まとまった意味を成す動詞群のことです。句動詞は日常会話で頻繁に使われる表現なので、前置詞のコアイメージの理解を深める助けとして利用してください。

だから、イラストを見るだけで、
ネイティブみたいに「**感覚で**」
前置詞がマスターできます！

読者特典

本書で紹介した英文の音声が聞けます！

本書でご紹介した **Step2** と、**Step3** の例文の音声をダウンロードして聞くことができます。
ネイティブの発音もこれでマスターしてください。

こちらからアクセスしてください。

https://www.ascom-inc.jp/books/detail/978-4-7762-1175-4.html

※通信環境や機種によってアクセスに時間がかかる、もしくはアクセスできない場合がございます。
※接続の際の通信費はお客様のご負担となります。
※サービスは予告なく変更および終了する場合があります。

はじめに

北米系のサイト EF Education First Ltd 2021 によれば、100 most common words in English（使用頻度の高い単語トップ 100）の中には、a / the / this / that / I / you / we / go / get / give などの単語と肩を並べて、本書で取り上げた前置詞 13 個 (about / at / by / for / from / in / into / of / on / out / to / up / with) が含まれています。英語に占める前置詞の重要性は一目瞭然と言えるでしょう。

前置詞とは、in the basket のように、名詞の前において、その名詞と連結しながら、前置詞句を作り、an egg in the basket（カゴの中の卵）や put an egg in the basket（カゴの中に卵を入れる）のように、形容詞や副詞の働きをする品詞です。

英語の前置詞は日本語の「で」「に（へ)」「の」「から」のような助詞の働きに似ている点がしばしば指摘されますが、同じものではありません。例えば at the airport（空港で)、to the airport（空港へ)、parking lot of the airport（空港の駐車場)、from the airport（空港から）など、英語の前置詞も日本語の助詞も、どちらも名詞とつながって「場所」「方向」「所属」「起点」などを表すという共通点があります。

しかし、日本語の助詞の数が限られているのに対して、前置詞の数は細かいのも含めれば 150 個以上になり、さらに、1 個の前置詞で 20 以上の意味を持つものもあります。つまり、前置詞の意味を日本語の助詞に当てはめて理解するには無理があるということです。

そう言ってしまうと、「日本語にない品詞なんてマスターできない！」「前置詞の使いわけは難しい！」と思う方もいるでしょう。

しかし、前置詞の攻略には簡単なコツがあります。

それは、それぞれの前置詞の持つ「コア」のイメージをつかむことです。

「コア」とは文脈や状況に左右されない言葉の意味のことで、これをイラストを通してイメージ化することで、前置詞の意味や使い方を容易にマスターすることができるのです。

２ページでは日本語の助詞「に」にあたる英語の前置詞を紹介しましたが、今度は同じ前置詞「by」を使ったさまざまな表現を見てみましょう。

① Come and sit by me.（こっちに来て私のそばに座って） p.181

② Be here by 3 o´clock.（３時までにここに来て） p.184

③ The window was broken by Tom.（窓はトムに壊された） p.181

④ I got here by taxi.（タクシーでここまで来た） p.187

⑤ I got in touch with her by phone.（彼女と電話で連絡を取った） p.187

⑥ I am paid by the month.（給料は月払いだ） p.191

⑦ I missed the train by two minutes.（２分差で列車に乗り遅れた） p.193

⑧ Answer the following questions one by one.（１つずつ次の質問に答えなさい） p.195

⑨ He got into the house by smashing the window.（彼は窓を割って家に入った） p.198

このように、さまざまな意味になる by ですが、そのコアは「そばに」です。①の sit by me（私のそばに座る）の他、場所だけに限らず「（時間の）そばに」という意味で使われているのが②の by 3 o´clock（３時までに）です。

さらに、あるもののそばにたどり着くまでの「経過」「方法」「手段」「経路」なども表します。③の受動態も、壊れた窓のそばにトムがいるイメージですが、窓が壊れるまでの経路や過程を by Tom で表しています。

④から⑨までの例文も、疑問詞の how（どのように、どれくらい）の質問に対する答えを by で表していると考えれば容易に理解できます。つまり、④どのようにたどり着いたか、⑤彼女とのどのように連絡を取ったか、⑥給料はどのように支払われるか、⑦どの程度の遅れか、⑧どのように質問するか、⑨どのように家に侵入したかなどを示しています。要は、④交通手段、⑤連絡方法、⑥支払い方法、⑦遅れの程度、⑧質問方法、⑨侵入経路です。

本書では、これらの例文をイラスト化することで、前置詞のコアイメージを右脳に焼きつけ、記憶を定着させます。

この本を手にとってくださった方々が「前置詞ってそういうことだったのか！」と苦手意識を克服してくださるよう、工夫をこらした１冊です。皆様の英語学習の一助となれることを祈ってやみません。

2021 年　10 月　清水建二

Contents

More Information

イラストでイメージがつかめる

英語の前置詞 使いわけ図鑑

in

①内部・内側

Step 1 イメージで覚える！

空間にすっぽり囲まれて。
空間は立体的でも平面的でも OK。

空間の内部・内側を表すin

in のコアイメージは、「〜の中に」「〜の内側に」。a cat in the box（箱の中のネコ）、a cat in the spotlight（スポットライトを浴びたネコ）、a cat in the rain（雨の中にいるネコ）、a cat in the circle（円の中にいるネコ）のように、立体的な空間や平面的な空間に、すっぽりと囲まれているイメージです。

Step 2　イラスト＆例文でマスター！

1 隅の「内側」

Stand in the corner.

隅に立っていなさい。

2 湖の水の「内部」

You can't swim in this lake.

この湖は遊泳禁止です。

on the lake / by the lake / around the lake のイメージの違いは p.72 のイラストでチェック！

3 太平洋の「内部」

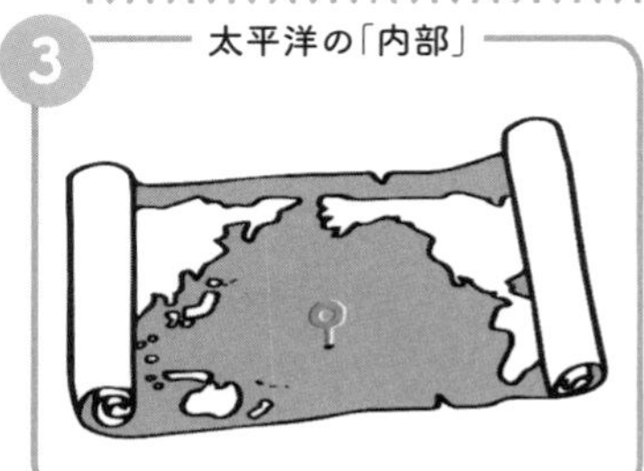

Tahiti is an island in the Pacific Ocean.

タヒチは太平洋にある島です。

4 方角の「内部」

The sun rises in the east and sets in the west.

太陽は東から昇り、西に沈む。

01

in

②囲まれた内側

Step 1 イメージで覚える！

メガネやスニーカーに
包まれたイメージ。

全体が包まれていなくてもOKだから、身に着けるものもin

in は立体の内部や内側だけに目をやりがちですが、外側との間の境界に焦点が当てられることもあります。例えば、コートを少女にすっぽりかぶせると、a girl in a red coat（赤いコートを着ている少女）になります。同様に、a woman in white なら「白い服を着た女性」、a boy in sneakers なら「スニーカーを履いた少年」、a boy in glasses なら「メガネをかけた少年」などの意味になりますが、このように、in は必ずしも全体が包まれていなくてもかまいません。

Step 2　イラスト＆例文でマスター！

1 肘掛けの「内側」

She is sitting in an armchair.

彼女は肘掛け椅子に座っている。

2 手の「内側」

What do you have in your hand?

手に何を持っているのですか？

「ポケットに何が入っているのですか？」なら What's in your pocket?

3 線の「内側」

They are standing in a line.

彼らは１列に並んでいる。

「横の列」なら in a row。

4 黒い服の「内側」

She was dressed in black.

彼女は黒い服を着ていた。

be dressed in ~（色）で「～色の服を着ている」。

Step 3 inを使った熟語

☑in front of ~

前 ～の前に

There is a taxi waiting in front of the office.
会社の前にタクシーが待っています。

☑in one's place

副 ～の立場なら、～の代わりに

What would you do in my place?
私の立場ならどうしますか？

☑in one's way

形 ～の邪魔になって

Am I in your way?
あなたの邪魔になっていますか？

☑in the distance

副 遠くに

Can you see a mountain in the distance?
遠くに山が見えますか？

☑in all directions

副 四方八方に

The news spread in all directions.
その知らせは四方八方に広がった。

☑in private

副 誰もいない所で、内緒で

Can I talk to you in private?
誰もいない所で話ができますか？

☐in public

副 人前で、公然と

He hates to speak in public.
彼は人前で話すのが大嫌いだ。

☐in the presence of ~

前 ～のいる所で

I'm getting nervous in the presence of so many people.
こんなに多くの人がいるので緊張してきた。

☐arrive in ~

動 ～に到着する

Our plane arrived in Tokyo.
私たちの飛行機は東京に到着した。

☐keep (~) in mind

動 ～を覚えておく

Keep in mind what I'm going to say.
これから私の言うことを覚えておきなさい。

☐be caught in ~

動 ～に遭う、～につかまる

I was caught in a shower on my way home.
帰宅途中、にわか雨に遭った。

☐consist in ~

動 ～にある（= lie in ~）

Happiness consists in contentment.
幸福は満足することにある。

01 in

③時間の範囲内・外側の境界

Step 1 イメージで覚える！

すっぽりと包まれたイメージの
時間の中で。

「～中」「～内」など、時間の範囲内・外側の境界を示すin

inの何かにすっぽりと包まれている感覚は時間的なものにも当てはめて考えることができます。「午前中に」はin the morning、「2021年に」はin 2021、「1月に」はin January、「夏に」はin (the) summerなど、inには時間的な幅があり、その時間帯の範囲内という感覚です。
外側との間の境界に焦点が当てられる時のinは、時間に関しても当てはまります。例えば、in 30 minutesは、30分間という時間と、その外側との境界のことなので、「30分後」の意味になり、過去（または完了）や未来の文に使います。

Step 2 イラスト＆例文でマスター！

1 朝早い時間の「範囲内」

I usually take a walk in the early morning.

普段、朝早く散歩をします。

2 9月の期間の「範囲内」

I was born in September.

私は9月生まれです。

3 1時間の「外側の境界」

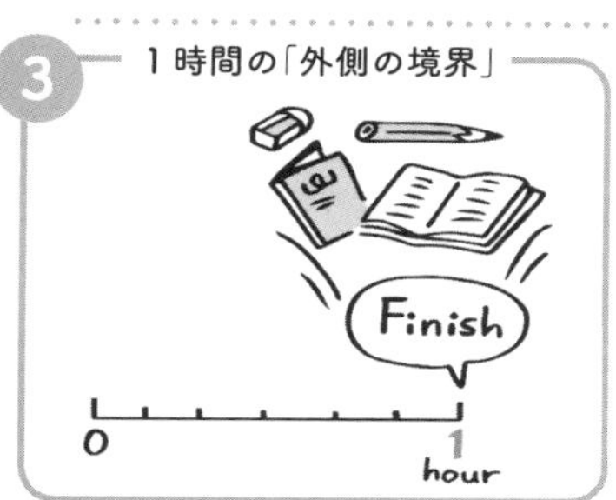

He finished his homework in an hour.

彼は1時間で宿題を終わらせた。

過去形で時間の経過を表すので「1時間で」という意味に。

4 30分の「外側の境界」

I'll be back in 30 minutes.

30分後に戻ります。

未来形で「今から30分後に」という意味。「30分以内に戻ります」はin 30 minutesではなく、withinを使いI'll be back within 30 minutes.

Step 3　inを使った熟語

☐in due course

副 やがて、そのうち

They will get married in due course.
そのうち彼らは結婚するでしょう。

☐in the future

副 将来（は）

I want to be a nurse in the future.
私は将来、看護師になりたい。

☐in time

副 間に合うように、間に合って

We arrived at the theater just in time for the movie.
私たちはちょうど映画に間に合うように劇場に着いた。

☐in no time

副 すぐに（= in an instant）

We'll be home in no time.
すぐに家に着くでしょう。

☐in the end

いろいろなことや時間を経て「最終的に」という意味。

副 結局、最後に

Which did you choose in the end?
結局、どっちを選びましたか？

☐in advance

副 前もって、あらかじめ（= beforehand）

You can get tickets in advance.
前もってチケットを買えます。

☐in the long run

副 結局、長い目で見れば

Your efforts will be worth it in the long run.
結局、あなたの努力は報われるでしょう。

☐in the meantime

副 その間

I'll make some coffee, and in the meantime, try and relax.
コーヒーを入れるから、その間リラックスしていてね。

☐once in a while

副 時々

I go out for lunch once in a while.
私は時々昼食を食べに行きます。

☐in the first place

副 まず第一に、そもそも

What brought you to Japan in the first place?
そもそもどうして日本に来たのですか？

☐in the middle of ~

前 ～の最中に、～の真ん中で

He left in the middle of the meeting.
彼は会議の最中に出て行った。

☐in the beginning

副 はじめに、最初に

Love is sweet in the beginning but sour in the end.
恋ははじめは甘いが終わりは酸っぱい。

01 in

④囲まれた範囲内・分野・限定

Step 1 イメージで覚える！

日本という限定された
範囲の中で。

「～の中では」と範囲を限定するin

in の持つ「範囲内に」というイメージから、「分野」や「限定」にイメージを広げます。Mt. Fuji is the highest mountain in Japan. なら、範囲を日本に限定して「富士山は日本で一番高い山だ」。**He's an expert in international politics.** なら、国際政治の分野に限定して「彼は国際政治の分野では専門家だ」です。

Step 2 イラスト&例文でマスター！

1

He became a lawyer in his early thirties.

彼は30代の前半で弁護士になった。

「30代半ば」なら in his middle thirties。

2

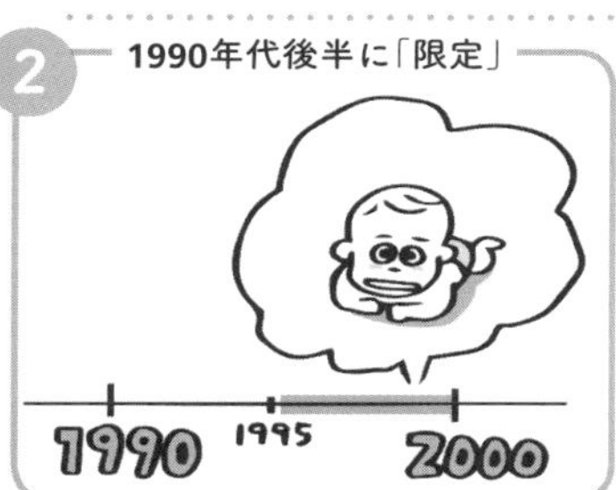

She was born in the late 1990s.

彼女は1990年代の後半に生まれた。

3

That country is rich in natural resources.

その国は天然資源に恵まれている。

be rich in ~ で「～が豊富な」「～に恵まれて」。

4

In my opinion, you should be promoted.

私の意見ではあなたは昇進すべきだ。

Step 3　inを使った熟語

☐in a sense

副 ある意味で

In a sense, he is a genius.
ある意味で彼は天才だ。

☐in fact

副 実際は、いやむしろそれどころか

He is not poor; in fact he is very rich.
彼は貧しくはありません、それどころかかなり金持ちです。

☐in practice

副 実際には

Please tell me how to use the phrase in practice.
その表現は実際にどのように使うか教えてください。

☐in reality

副（ところが）実際には

He looks young, but in reality he is old.
彼は若く見えるが、実際には年を取っている。

☐in all

副 全部で (= in total)

How much did he spend in all?
彼は全部でいくら使いましたか？

☐in part

副 部分的に、いくぶん

I agree with you in part.
部分的にはあなたに賛成です。

☐in a word

副 ひとことで言えば、要するに

In a word, he is a genius.
ひとことで言えば、彼は天才だ。

☐in other words

副 言い換えれば、つまり

He seldom speaks: in other words, he is a man of few words.
彼はめったに話さない、言い換えれば彼は口数の少ない男だ。

☐in itself

副 それ自体、本来

Televison is not a bad thing in itself.
テレビ自体は悪いものではない。

☐be lacking in ~

形 ～が不足している（= be wanting in ~）

He is lacking in knowledge.
彼は知識が足りない。

☐believe in ~

動 ～（の価値・存在）を信じる

Do you believe in ghosts?
あなたは幽霊の存在を信じますか？

☐major in ~

動 ～を専攻する（= specialize in ~）

He majored in economics in college.
彼は大学で経済学を専攻した。

in

⑤状態・様態

Step 1 イメージで覚える！

恋している状態の中で。

心理的な状態や、物理的な状態の「中」にいるin

She is in love with Wataru.（彼女はワタルに恋している）のように、「恋」や「愛」という抽象的なものの中にいる状態、つまり心理的な状態や物理的な状態あること。また、会社や組織などの中での活動の「状態」、または「所属」や「配置」、その他「順序」などを表すこともあります。例えば、What line of business are you in?（どんな職業に就いていますか？）と聞かれたことに対して、I'm in IT. なら「コンピューター関係です」のように応じる際も in を使います。

Step 2 イラスト&例文でマスター！

1 集団という「状態」

Are you travelling in a group?

団体で旅行をしているのですか？

2 借金をしている「状態」

I'm in debt now.

私は今借金をしています。

3 満開という「状態」

The cherry blossoms are in full bloom.

桜の花が満開です。

4 困っている「状態」

He's in trouble. He's lost his passport.

彼は困っている。パスポートをなくしてしまった。

He's lost ~. は He has lost ~. の短縮形。「～してしまった」という意味の現在完了形。

Step 3　inを使った熟語

☐in addition

副 それに加えて、さらに

In addition, I had to show them my passport.
さらに、彼らにパスポートを見せなければならなかった。

☐in common

形 共通して

They have nothing in common.
彼らには共通点がない。

☐in any case

副 とにかく

In any case, I had no choice but to sign.
とにかく私はサインするしかなかった。

☐in earnest

形 本気で、真面目に

Were you in earnest about that?
それは本気だったのですか。

☐in high spirits

形 上機嫌で

My daughter is in high spirits today.
今日、娘は機嫌がいい。

☐in good health

形 健康で

I have been in good health recently.
最近は体の調子がいいです。

☐in the mood for ~

前 ～したい気分だ

I'm not in the mood for pasta tonight.
今夜はパスタの気分ではない。

☐in danger of ~

前 ～の危機にある

This animal is in danger of extinction.
この動物は絶滅の危機にある。

☐in need

形 困って

A friend in need is a friend indeed.
困った時の友こそ真の友である。

☐in demand

形 需要がある

British craft beer is in demand.
イギリスのクラフトビールは需要がある。

☐in a hurry

形 急いで

Why are you in such a hurry?
なぜ、そんなに急いでいるのですか？

☐in brief

副 要するに・つまり（= in short)

In brief, the project was a success.
要するに、その企画は成功だった。

Step 3 inを使った熟語

☑in general

副 一般的に

In general, women live longer than men.
一般的には女性は男性より長生きだ。

☑in fashion

形 流行して

At that time miniskirts were in fashion.
当時はミニスカートがはやっていた。

☑in progress

形 進行して

The concert was already in progress.
コンサートはすでにはじまっていた。

☑in good shape

形 体調が良い

Today I'm in good shape.
今日は体調がいい。

☑in all likelihood

副 たぶん、十中八九

In all likelihood, the game will be canceled.
たぶん、その試合は中止になるだろう。

☑in the air

形 決まらないで、検討中で

At this stage the plan is still in the air.
この段階ではその計画はまだ検討中です。

☐in particular

副 特に

Do you have any plans in particular?
特に予定はありますか？

☐in order

副 順番通りに、きちんと

Put the names in alphabetical order.
名前をアルファベット順に並べなさい。

☐in person

副 直接、本人が

You should come here in person.
あなた本人がここに来た方がいいです。

☐in case

副 万一に備えて、念のために

Take an umbrella with you just in case.
念のために傘を持って行きなさい。

☐be engaged in ~

動 ～に従事している

She is engaged in imports and exports.
彼女は輸出入に従事している。

☐be involved in ~

動 ～に関わる、～に巻き込まれる

He was involved in two incidents.
彼は2つの事件に巻き込まれた。

in

⑥手段・方法

Step 1 イメージで覚える！

移動手段である
タクシーの中で。

手段や方法を表すin

speak in English（英語で話す）は、英語という空間の中で話をすること、go there in a taxi（タクシーでそこに行く）はタクシーに乗って行くことですが、この場合の in は手段や方法を表します。**Write your name in pencil / pen.**（鉛筆／ペンで名前を書きなさい）の **in pencil** や **in pen** も手段を表しますが、どちらも冠詞の **a** をつけずに、不可算名詞扱いにしていることに注意してください。**with a pen** と **in pen** の違いについては、p.175 を参照してください。

Step 2　イラスト＆例文でマスター！

1　ドルという「手段」で

How much is it in dollars?

ドルでいくらですか？

「ユーロで」なら in euro。

2　大きな声という「手段」で

Don't talk in a loud voice.

大きな声でしゃべらないこと。

3　このような「方法」で

In this way he succeeded in business.

このようにして彼は事業で成功した。

This is how he succeeded in business. でも同じ意味に。

4　詳しくという「方法」で

Will you explain it in detail?

そのことについて詳細に説明してくれますか？

01

in

⑦中へ・内部へ

Step 1 イメージで覚える！

部屋という空間の「中へ」の移動と「中に」という状態。

内側への「移動」や中にある「状態」を示すin

副詞や形容詞としての in は、Come in.（入りなさい）、Is your father in today?（お父さんは今日、在宅ですか？）のように、空間内への「移動」や空間内にある「状態」を示します。空間の広さは問いません。家でも駅でも日本全国でもかまいません。

What's in?（今何がはやっていますか？）の質問に対して、Short skirts are in. なら「短いスカートがはやっています」のように「流行」を表すこともできます。

Step 2 イラスト&例文でマスター！

1 タクシーの「中へ」

He got in a taxi to the station.

彼は駅までタクシーに乗った。

2 飲み物や食べ物の「中へ」

Would you put in some more sugar?

もっと砂糖を入れてくれる？

3 建物の「中へ」

Please drop in when you come to Tokyo.

東京に来たら立ち寄ってください。

drop in で「立ち寄る」。

4 流行の「中へ」

This hairstyle is in now.

この髪型が今はやっています。

☐cut in (~)

動（～に）割り込む

Don't cut in line.
列に割り込むな。

☐break in

動 割り込む、押し入る

The thief broke in through the window.
泥棒は窓から押し入った。

☐set in

動（過酷な季節が、感染が）はじまる

The rainy season has set in.
梅雨がはじまった。

☐take in ~

動 ～をだます、～を理解する

I was taken in by him.
私は彼にだまされた。

☐pull in (~)

動（列車・船が）到着する、～を稼ぐ

The train pulled in at the station.
列車が駅に到着した。

☐put in (~)

put inのinは前置詞ではなく副詞なのでin my roomのinも必要。inが1つだと「部屋にエアコンをおく」という意味になるので注意。

動（言葉を）差しはさむ、～を取りつける

I had an air conditioner put in in my room.
部屋にエアコンを取りつけてもらった。

☐keep ~ in

動 ～を閉じ込める

He was kept in prison for a year.
彼は1年間投獄された。

☐stay in

動 家にいる

I'm going to stay in all day.
1日家にいるつもりです。

☐give in (~)

動 降参する、～を提出する

They finally gave in.
彼らはとうとう降参した。

☐hand in ~

動 ～を提出する（= turn in ~ / give in ~）

I have to hand in this report by tomorrow.
明日までにこのレポートを提出しなければならない。

☐turn in (~)

動 ～を提出する、脇道に入る

Turn in your homework.
宿題を提出しなさい。

☐count ~ in

動 ～を仲間に入れる

A party? Count me in!
パーティー？　仲間に入れて！

02

at

①場所の一点

Step 1 イメージで覚える!

at が示す場所は
地図上の一点で。

限定された比較的狭い場所を表すat

at のコアイメージは「場所の一点」です。at the station は「駅で」ですが、この場合の at は「駅」を一地点として捉え、プラットフォーム・改札口・駅ビル・駅前広場など漠然とした場所がイメージされます。地図上の駅を指でさす感じです。駅の中にあることを強調したい場合は、a flower shop in the station（駅の中にある花屋）です。場所の一点を表す at は限定された比較的狭い場所に使う傾向がありますが、物理的な面積の大きさは問いません。

Step 2 イラスト＆例文でマスター！

1 通りの「一地点」で

He lives at 333 Bingo Street.

彼はビンゴ通り 333 番地に住んでいる。

「彼はビンゴ通りに住んでいる」なら He lives in Bingo Street.

2 角の「一地点」で

Turn right at the corner.

その角を右に曲がってください。

3 ドア周辺の「一地点」で

There's someone at the door.

ドアの所に誰かいる。

4 バス停の「一地点」で

Many people are waiting at the bus stop.

たくさんの人たちがバス停で待っている。

Step 3　atを使った熟語

☑stay at ~

動 ～に泊まる

I'm staying at this hotel.
私はこのホテルに泊まっています。

☑call at ~

動 ～を訪れる、～に停車する

The train called at Oxford Station.
列車はオックスフォード駅に停車した。

☑arrive at ~

動 ～に到着する

The President arrived at the international airport today.
大統領は今日、国際空港に到着した。

☑be present at ~

形 ～に出席する

Many people were present at the party.
パーティーには多くの人が出席していた。

☑drop in at ~

動 ～に立ち寄る

I sometimes drop in at a bar near the station.
時々、駅前のバーに立ち寄ります。

☑at the foot of ~

前 ～の足元に、～の下部に

The village is at the foot of the mountain.
その村は山の麓にある。

☐at the bottom of ~

前 ～の底に、～の根底にある

He was at the bottom of it all.
仕掛けたのは彼だった（全ての根底にあるのは彼だった）。

☐at the back of ~

前 ～の後ろに（= behind ~）

There's a parking lot at the back of the bank.
銀行の後ろに駐車場がある。

at a distance

副 少し離れて

You can see the animals at a distance.
少し離れた所から動物を見ることができる。

☐at heart

副 根は、心は

She's very kind at heart.
彼女は根はとても優しい。

☐at hand

副 手元に、近づいて

I always keep a dictionary at hand.
私はいつも辞書を携帯している。

☐at the top of ~

前 ～の頂上に、～の天辺に

There is a hut at the top of the mountain.
山の頂上に小屋がある。

02 at

②時の一点

Step 1 イメージで覚える！

12時「きっかり」と幅を持たない
時間の一点で。

広がりを持たない「一点」の時間をさすat

場所の「一点」は時を表す「一点」に当てはめて考えることもできます。この場合、基本的には広がりがなく、時に小さすぎて中に何も入ることができないことを暗示させます。**at 6 o'clock**（6時に）、**at noon**（正午に）、**at midnight**（夜中の12時に）のように、広がりを持たない「時刻」を表すのにピッタリの語です。

Step 2 イラスト&例文でマスター!

1 10時半の「時点」で

I left the office at 10:30 in the morning.

朝の10時30分に会社を出ました。

2 30歳の「時点」で

She became a judge at thirty.

彼女は30歳で裁判官になった。

3 夜明けの「時点」で

They left at dawn.

彼らは夜明けに出発した。

4 日暮れの「時点」で

The party ended at sunset.

パーティーは日暮れ時に終了した。

Step 3 atを使った熟語

☐at first

副 最初は

At first I didn't like her, but now she's one of my best friends.
最初は彼女のことが好きではなかったが、今では親友の１人だ。

☐at last

副 とうとう

At last we reached the summit.
とうとう私たちは山頂にたどり着いた。

☐at length

副 長々と、とうとう

He talked about his life at length.
彼は自分の人生について長々と話した。

☐at times

副 時々、時に

Life is hard at times.
人生は時に厳しいものだ。

☐at any time

副 いつでも

You can come and see me at any time.
いつでも遊びに来てください。

☐at all times

副 いつも、常に

Do you carry your camera at all times?
いつもカメラを持ち歩いていますか？

☐at the same time

副 同時に

Two things happened almost at the same time.
2つのことがほぼ同時に起こった。

☐at any moment

副 今にも

The rock is going to fall at any moment.
その岩は今にも落ちそうだ。

☐at the moment

副 今は、ちょうどその時

I'm busy at the moment.
今は忙しいです。

☐at present

副 現在は、目下

At present, men and women get equal pay in most jobs.
現在では男女は大部分の職業で同等の給料をもらっている。

☐at once

all at onceだと「突然、同時に」という意味。

副 直ちに、同時に

You can't do two things at once.
2つのことを同時にはできません。

☐at a time

副 一度に

Take the pills two at a time.
その錠剤は一度に2個飲みなさい。

02

at

③特定の活動状態

Step 1 イメージで覚える！

劇場で観劇中で。

特定の場所での活動をイメージさせるat

at は語源的には「～へ」という「方向」と「接近」のニュアンスがあり、その場に密着したままグルっと回ることを暗示させます。そう考えると、駅やバス停を場所の一点と捉え、その周辺を含めて at the station（駅で）や at the bus stop（バス停で）ということにも納得できるはずです。ここから at は、その地点での活動をイメージさせることになります。例えば、in the theater は「劇場の中にいる」ことだけを表しているのに対して、at the theater は演劇という活動が行われている劇場にいることから、「観劇中だ」の意味になります。

Step 2 イラスト＆例文でマスター！

1 学校での「活動」

They are still at school.

彼らはまだ学校にいます。

授業や部活動などで、学校に残って「活動」しているイメージ。

2 大学での「活動」

My son is studying at Oxford.

息子はオックスフォード大学で勉強している。

3 家での「活動」

"Where are you now?"
"I'm at home."

「今どこにいますか？」

「家にいますよ」

4 食卓での「活動」

We are at dinner now.

今夕食中です。

☑at work

形 仕事中で、取り掛かっている

He's at work on a new book.
彼は新しい本に取り組んでいる。

☑at peace

形 安らかに、仲良くして

His mind is at peace.
彼の心は安らかだ。

☑at the mercy of ~

前 ～のなすがままに

Our ship was at the mercy of the waves.
私たちの船は波のなすがままであった。

☑make oneself at home

動 くつろぐ、楽にする

Please make yourself at home.
ゆっくりしてください。

☑at a loss

形 途方に暮れて

I was at a loss about what to do.
私は何をしたらいいか途方に暮れた。

☑at one's wits' end

形 途方に暮れて

He was at his wits' end with this problem.
彼はこの問題をどうしたらいいか途方に暮れた。

☐ at anchor

形 いかりを降ろして、停泊中で

A passenger boat is at anchor in the harbor.
客船が港に停泊中だ。

☐ at ease

形 安心して、気楽に

I feel at ease with Yoko.
ヨーコといると落ち着く。

More Information

時を表すinとatはどう使いわける？

in the morning のように時を表す語に in がついた時は、期間を表します。対して at がついた時は活動状態を表します。欧米諸国では「降誕祭」のクリスマスシーズン（12/24 の夜から 1/1 まで）にはプレゼントを用意したり、七面鳥を食べたり、教会に礼拝に行ったり、皆が同じような活動をします。これらの活動期間は、at Christmas（クリスマスに）で表されます。

では、日没から日の出までの広がりのある時間帯を表す「夜 (night)」は、なぜ in the night ではなく at night（夜に、晩に）と表すのでしょうか。それは、大昔の人々にとって「夜 (night)」は寝ること以外の活動ができるような環境になかったことに関係があります。at night も、寝ている活動時間と捉えていたことによる発想でしょう。

02

at

④特定・限界・割合の一点

Step 1 イメージで覚える！

山頂という特定の一点で。

値段・費用・年齢・数値を限定するat

複数の科目の中から1科目である数学を特定し、その数学の点に関して優れていることから、**He's good at math.** なら「彼は数学が得意だ」です。また、特定するという意味では、**He became a doctor at forty.**（彼は40歳で医者になった）や **Water boils at 100 degrees Celsius.**（水は摂氏100度で沸騰する）のように、値段・費用・年齢・数値などを限定する時にもatを使います。**at the top of the class**（クラストップで）や **at the bottom of the class**（クラスびりで）のように、極限や限界の一点を表すatもあります。

Step 2 イラスト＆例文でマスター！

1 ダンスに「特定」して

I'm really poor at dancing.

私は本当にダンスが苦手です。

2 決断に「特定」して

He's slow at making decisions.

彼は決めるのが遅い。

3 価格を「特定」して

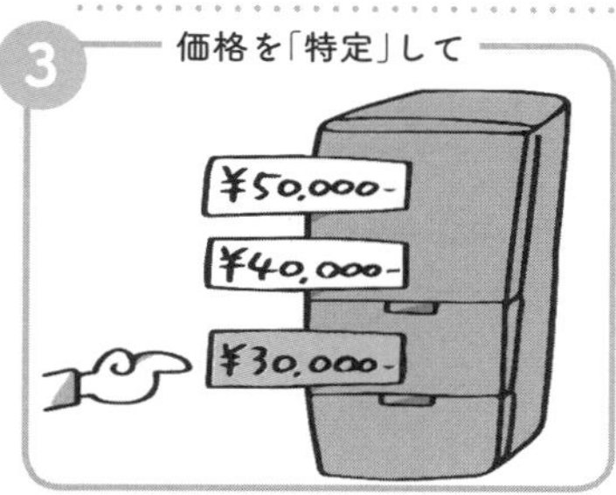

I got this at a reasonable price.

これは手ごろな値段で手に入れました。

4 速度を「特定」して

He's driving at a speed of 60 kilometers an hour.

彼は時速 60 キロで運転している。

Step 3 atを使った熟語

☐at any rate

副 とにかく、いずれにしても

At any rate, we should start right now.
とにかくすぐに出発した方がいいだろう。

☐at the cost of ~

前 ～を犠牲にして (= at the expense of ~)

He saved the child at the cost of his own life.
彼は自分の命を犠牲にしてその子を救った。

☐at any risk

副 どんな危険を冒しても、ぜひとも（= at any cost）

You have to do it at any risk.
どんな危険を冒しても、そうしなければならない。

☐at the maximum ~

副 最大（限）の～で

He drove at the maximum allowable speed of 120 km/h.
彼は許容される最大時速 120 キロで運転した。

☐at the minimum ~

副 最低（限）の～で

We are hired at the minimum wage.
私たちは最低賃金で雇われている。

☐at the top of the list

形 最優先事項に、リストの最上位に

Creativity is at the top of the list.
創造性が最優先事項だ。

最優先の対義語「劣後に」はat the bottom of the list（リストの最後に）。

☐ at the top of one's voice

副 声を限りに（= at the top of one's lungs）

He sang at the top of his voice.
彼は声を限りに歌った。

☐ at one's best

形 最高の状態で

The cherry blossoms are at their best.
桜の花が今満開です。

☐ at one's worst

形 最悪の状態で

The typhoon is at its worst.
台風は最悪の状態だ。

☐ at (the) most

副 多くても、せいぜい

I eat out once a week at most.
外食するのはせいぜい週に１回です。

☐ at (the) least

副 少なくとも、ともかく

You should study at least 1 hour every day.
毎日少なくとも１時間は勉強するべきだ。

☐ at best

副 よくても、せいぜい

I can only finish the job by Monday at best.
よくても月曜日までに終わらせることしかできない。

02

at

⑤狙い・対象の一点・感情の原因

Step 1　イメージで覚える！

「動き」を表す動詞が、狙った方向に向かうイメージ。

視線を一点に向けられた時の反応をさすat

The eagle looks at the frog.（ワシがカエルを見る）の **look**（見る）ように「動き」を表す動詞が、ある一点へ向かうイメージの at と結びつくと、ある特定のものへの「狙い」や「対象」を表すことになります。矢印はワシからカエルに向いています。**throw a ball to the dog** は「犬にボールを投げる」ですが、**throw a ball at the dog** なら「犬にボールを投げつける」です。
一方、狙いの対象になるカエルの視線はワシに向けられ矢印が反対方向に変わります。そのため、The frog is surprised at the eagle.（カエルはワシにビックリしている）の at は驚きの「原因」になります。

Step 2 イラスト&例文でマスター！

1 指輪を「対象」に

Can I have a look at this ring?

この指輪を見せてくれますか？

2 時計を「対象」に

He glanced at his watch.

彼は時計をちらっと見た。

3 ドアを「対象」に

He kicked at the door but it didn't open.

彼はドアを蹴飛ばしたが開かなかった。

4 私を「対象」に

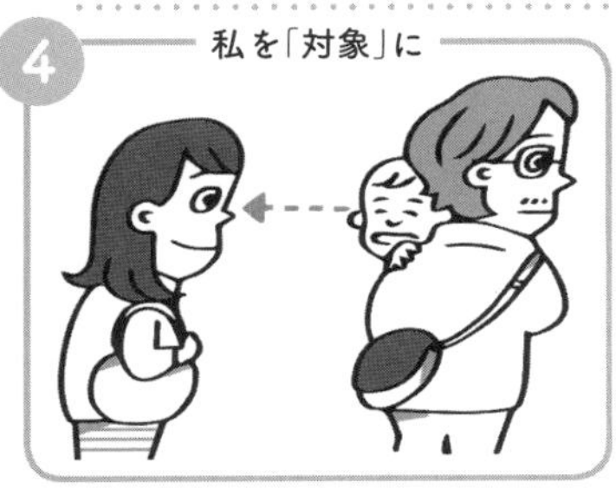

The baby smiled at me.

赤ちゃんは私を見てほほ笑んだ。

声に出して笑う様子は laugh at ~。

Step 3　atを使った熟語

☐shout at ~

動 ～に怒鳴る

You don't have to shout at me.
怒鳴ることないでしょ。

☐get at ~

動 ～をほのめかす、～に届く

What are you getting at?
何を言おうとしているのですか？

☐aim A at B

動 A を B に狙いをつける

The hunter aimed the gun at a bird.
猟師は鳥に銃口を向けた。

☐clutch at ~

動 ～をつかもうとする（= grasp at ~ /catch at ~)

A drowning man will clutch at a straw.
溺れる者はわらをもつかむ。

☐point A at B

動 A を B に指さす

Don't point your finger at others.
人を指さすのはやめなさい。

☐make a guess at ~

動 ～だと推測する

Can you make a guess at my age?
私の年齢を当てられますか？

☐ be amazed at ~

動 ～に（ひどく）ビックリする

surprised / amazed / astonished / astoundedの順に、驚きの気持ちが強くなる。

I was amazed at the news.
私はその知らせを聞いてビックリした。

☐ get angry at ~

動 ～に腹を立てる

Don't get angry at her.
彼女に腹を立てないで。

☐ at the sight of ~

前 ～を見て

The thief ran away at the sight of a police officer.
泥棒は警官を見て逃げだした。

☐ at first sight

副 一目で

I fell in love with her at first sight.
私は彼女に一目ぼれした。

☐ at a glance

副 一目見て、一目見ただけで

You can see at a glance there's a shorter route.
一目見ただけで、近道があることがわかる。

☐ at the thought of ~

前 ～のことを考えて

He felt uneasy at the thought of the test.
彼はテストのことを考えると不安な気持ちになった。

03

on

①接触・付着・隣接

Step 1 イメージで覚える！

くっつく場所はどこでもOK。

場所は問わない接触のon

「～の上に」の意味で知られる on はある面に何かが「くっついている」ことで、それが浮かび上がっているイメージです。くっついている面は前後上下左右を問いません。床や壁や天井にとまっているハエなら、a fly on the floor / on the wall / on the ceiling です。
ある面に接触している時間の長さは、床のハエや指にしている指輪のように、一時的なものから、a mole on my palm（手のひらのほくろ）のように、半永久的なものまでさまざまです。

Step 2 イラスト&例文でマスター！

1 氷に「接触」して

We can skate on this lake in winter.

この湖では冬にスケートをすることができる。

in the lake / by the lake / around the lake のイメージの違いは、p.72 のイラストでチェック！

2 地図に「接触」して

Where am I on this map?

この地図のどこにいますか？

3 湖に「隣接」して

I stayed at a hotel on the lake.

私は湖畔のホテルに泊まった。

4 角に「隣接」して

There's a barber shop on the corner.

そこの角に理容店がある。

Step 3　onを使った熟語

☐get on ~

動 ～に乗る

Let's get on this train.
この電車に乗ろう。

☐put ~ on

動 ～を身に着ける

He put a red cap on.
彼は赤い帽子をかぶった。

☐have ~ on

動 ～を身に着けている

He always has a big hat on.
彼はいつも大きな帽子をかぶっている。

☐try ~ on

動 ～を試着する

Can I try this shirt on?
このシャツを試着してもいいですか？

☐catch on (~)

動 流行する、（～を）理解する

I didn't catch on.
理解できなかった。

☐on one's side

形 ～の味方で

I'm always on your side.
私はいつもあなたの味方です。

☐ on the spot

副 現場で、その場で、直ちに

The thief was arrested on the spot.
その泥棒は現行犯逮捕された。

☐ on one's part

副 〜としては、〜の側で

I admit that it was an error on my part.
それは私の側の間違いであったことを認めます。

☐ on board (~)

副 （乗り物に）乗って、参加して

We went on board the ship on schedule.
私たちは定刻に乗船した。

☐ on purpose

副 わざと

He broke the clock on purpose.
彼は時計をわざと壊した。

☐ on earth

副 世界中で、（疑問詞を強調して）一体

What on earth are you doing?
一体何をしているのですか。

☐ on the tip of one's tongue

形 （名前などが）喉から出かかって

Her name is on the tip of my tongue.
彼女の名前は喉まで出かかっているのだが。

03

on

②手段・支え

Step 1 イメージで覚える！

on the bus は、バスの床に
足をしっかりくっつけているイメージで。

接触するものが乗り物や道具なら「手段」のon

go to school on a bike（自転車で通学する）や **play a tune on the piano**（ピアノで曲を弾く）のように、接触するものが乗り物や道具であれば「手段」の意味になります。公共の交通手段なら **on a bus**（バスで）、通信手段なら **on TV**（テレビで）や **on the Internet**（インターネットで）です。

これらの表現は見方を変えると自転車やバスなどがそれぞれ「支え」となっていると考えることもできます。そこから、**on** には「支え」とか「基盤」というイメージが生まれます。

Step 2 イラスト＆例文でマスター！

1 電車という「手段」で

Today I happened to meet her on the train.

今日は電車で偶然彼女に会った。

2 ラジオという「手段」で

I heard the news on the radio.

その知らせをラジオで聞きました。

3 自分の足という「手段・支え」で

I want to stand on my own feet.

私は独り立ちしたい。

4 ディーゼルという「手段」で

This car runs on diesel.

この車はディーゼルで走ります。

Step 3　onを使った熟語

☐on foot

副 歩いて

I like traveling on foot.
私は歩いて旅をするのが好きだ。

☐on one's own

副 自分で、1人で

He finished the job on his own.
彼は1人でその仕事を終わらせた。

☐lie on one's stomach

動 うつ伏せになる（= lie on one's face）

Lie on your stomach.
うつ伏せになりなさい。

☐lie on one's back

「横向きになる」は
lie on one's side。

動 仰向けになる

Lie on your back.
仰向けになりなさい。

☐depend on ~

動 ～に頼る、～次第だ

He still depends on his parents.
彼はまだ両親に頼っている。

☐rely on ~

動 ～に頼る

We rely on the lake for drinking water.
私たちは飲料水をその湖に頼っている。

☐fall back on ~

動 （最終的に）～頼る

He has no relatives to fall back on.
彼には頼れる親戚がいない。

☐count on ~

動 ～を頼りにする、～を当てにする

You can count on me in this matter.
この件については私に任せなさい。

☐feed on ~

動 ～を常食とする

Owls feed on mice and other small animals.
フクロウはネズミとその他の小動物を常食とする。

☐live on ~

動 ～で生活する

My grandmother lives on a pension.
祖母は年金で生活している。

☐be based on ~

動 ～に基づく

This novel is based on historical facts.
この小説は史実に基づいている。

☐rest on ~

動 ～に頼る、～を当てにする

Our hopes rest on you.
私たちの希望はあなたにかかっている。

Step 3　onを使った熟語

☐on a large scale

副 大規模に

I want to do business on a large scale.
大規模な事業をしたい。

☐on the other hand

副 他方では、これに反して

On the other hand, it has a lot of disadvantages.
他方では、それには不利な点がたくさんある。

☐on a ~ basis

副 ～の基準（原則）で

We have meetings on a weekly basis.
週に1回会議がある。

☐on (the) condition that SV ~

副 ～という条件で、～ならば

I'll lend you some money on condition that you pay me back within a month.
1カ月以内に返してくれればお金を貸します。

More Information

場所を示す前置詞はイラストでマスター！

場所を示す前置詞は、図解して覚えると脳に記憶されやすくなります。in / on / by / around を湖のまわりのイラストでまとめた右図のように、他の前置詞も自分でまとめてみましょう。ぐっと理解が定着しますよ。

More Information

交通手段を表すinとonはどう使いわける？

立体空間の中にすっぽり囲まれるコアイメージの in は、車やタクシーなど比較的小さな乗り物に身をかがめながら箱に乗っているようなイメージです。また、in は「活動の状態」を暗示するので、運転に関わっている場合は in を使います。**get in a taxi**（タクシーに乗る）なら、ドライバーに行き先を告げることによって間接的に運転に関わることになりますし、**get in his car**（彼の車に乗る）では、彼の代わりに運転したり、ナビゲーターになったりして、運転に関わっているニュアンスです。

一方、「接触」を表す on は、何かに「乗っかって」というイメージで、**on a bike** や **on a horse** のように、自転車や馬などまたいで乗る乗り物です。バス (**on a bus**) や電車 (**on a train**) のような公共の交通機関を表すのも、乗り物の床にしっかりと足をつけて乗ることで、運転に関わることなく、ただ乗っているイメージです。

03

on

③継続・進行

Step 1 イメージで覚える！

電流が接触すれば、
電源は「on」の状態に。

動作や状態の「連続」や「進行中」を表すon

今度は電流の接触をイメージしてください。スイッチをオンの状態、つまり、電気を流すことによって機械が作動するように、on は動作や状態の「連続性」や「進行中」であることを暗示させます。**He was tired but walked on.** なら「彼は疲れていたが歩き続けた」ですが、自動詞に on をつけると「～し続ける」になります。映画館で、**What's on?** と言えば、「映画館で今何を上映していますか？」、「その歌手はもう舞台に出ている」なら **The singer is already on.** です。

Step 2 イラスト&例文でマスター!

1 雨が「継続」中

It rained on and on all day.

1日中雨が降り続いた。

on and on で「どんどん」。

2 帰途の「進行」中に

I met her on my way home.

家に帰る途中で彼女に会った。

3 ダイエットを「継続」中

I'm on a diet these days.

最近、私はダイエットをしている。

「ダイエットをする」は go on a diet。

4 放送の「進行」中に

We'll be on air in three minutes.

3分後に放送されます。

☐on strike

形 ストライキをして

They have been on strike for two months.
彼らは2カ月間ストライキをしている。

☐on sale

形 販売されて、セールで

His new book is now on sale.
彼の新しい本は今発売中。

☐on duty

形 勤務時間中で

I'll be on night duty tomorrow.
明日は夜勤です。

☐on end

副 継続して、まっすぐに

I studied for ten hours on end.
私は連続10時間勉強した。

☐on one's guard

形 警戒して、用心して

Be on your guard against pickpockets.
スリに用心して。

☐later on

副 後で

I'll talk to you later on.
後で話しましょう（じゃあまたね）。

☐on one's mind

形 ～の気にかかって

What's on your mind?
何が気になるの？

☐go on

動 続ける、起こる、経過する

What's going on?
何が起こっているのですか？

☐go on a picnic

動 ピクニックに行く

How about going on a picnic tomorrow?
明日、ピクニックに行くのはどう？

☐keep on ~ing

動 ～し続ける

He kept on asking me silly questions.
彼は私につまらない質問をし続けた。

☐hold on

動 待つ、電話を切らないでおく (= hang on)

Hold on, please.
切らずにお待ちください。

☐carry on (~)

動（～を）続ける

They carried on their negotiations.
彼らは交渉を続けた。

03

on

④時間の接触・動作の接触

Step 1 イメージで覚える！

特定の曜日をさす場合は、
そこに乗っているイメージで。

「時間」や「動作」のかたまりに触れるin

時間の一点は at、幅のある時間は in、曜日や特定の日は、浮かび上がった 1 つのかたまりと捉え、その上にどっしり乗っかっているイメージの on で表します。「月曜日に」なら on Monday、「1 月 1 日」なら on January 1、「1 月 1 日の朝に」なら on the morning of January 1、「クリスマスの当日に」なら on Christmas です。
On her arrival at the airport, she called the hotel.（彼女は空港に到着するとすぐにホテルに電話した）なら、動作の接触です。

Step 2 イラスト＆例文でマスター！

1 到着という動作に「接触」

On arriving at the station, he got into a cab.

駅に到着すると彼はタクシーに乗り込んだ。

on ~ing で「～すると（すぐに）」。

2 特定の時間に「接触」

The train arrived right on time.

列車はちょうど時間通りに到着した。

3 出発という動作に「接触」

The train was on the point of leaving the station.

列車は今にも駅を出るところだった。

4 特定の機会に「接触」

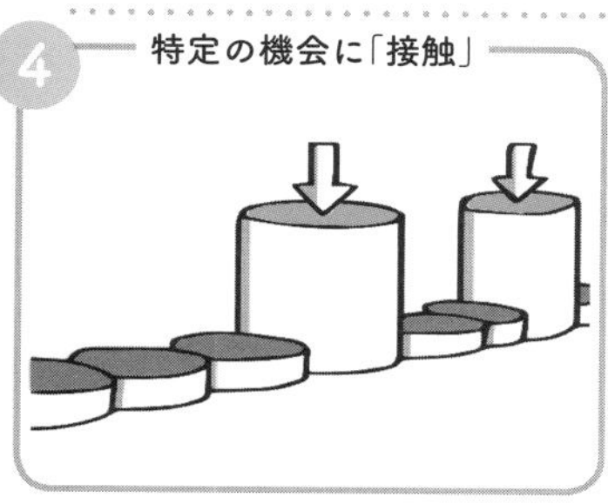

I visit my uncle on occasion.

時々叔父を訪ねます。

occasion の語源は「上から落ちて来る」。なので、日付のボタンの上に「時々」乗っているイメージ。

on

⑤対象・方向・
圧力・負担・
焦点・影響・作用

Step 1　イメージで覚える！

バーベルの重さ（圧）が選手に
のしかかるイメージで。

圧力・負担・影響・作用などを与えるon

重量挙げの選手をイメージしてください。バーベルを下で支える選手ですが、バーベルの重さは下の方向にいる選手に圧力を与えていると同時に、下の選手の負担になっています。ここから、onは力や運動の方向や対象を表したり、あるものに対して、圧力・負担・影響・作用などを与えることになります。

Step 2 イラスト&例文でマスター!

1 税の「負担」

The government put a new tax on alcoholic beverages.

政府は新税をアルコール飲料に課した。

2 いたずらの「対象」

Someone played a trick on my dog.

誰かが私の犬にいたずらをした。

3 出費の「対象」

He spent all the money on gambling.

彼はそのお金を全部ギャンブルに使った。

4 料金の「負担」

"Let's split the bill."
"No, it's on me today."

「割り勘にしよう」
「いや今日は私のおごりです」

☑ wait on ~

動 ～に給仕する、～の世話をする

Are you being waited on?
ご用は承っておりますか？

☑ fall on ~

動 （休日などが）～に当たる、～に降りかかる

My birthday will fall on a Sunday this year.
私の誕生日は今年は日曜日だ。

☑ have an influence on ~

動 ～に影響を及ぼす

Freudian theory has had a great influence on psychology.
フロイトの理論は心理学に大きな影響を与えた。

☑ impose A on B

動 AをBに課す、AをBに押しつける

The government imposed a new tax on wine.
政府はワインに新税を課した。

☑ congratulate A on B

動 AのBを祝う

We congratulated him on his promotion.
私たちは彼の昇進を祝った。

☑ work on (~)

動 ～に取り組む、働き続ける

She is working on a new book.
彼女は新しい本に取り掛かっている。

☐decide on ~

動 ～に決める

I've decided on this jacket.
このジャケットに決めました。

☐concentrate on ~

動 ～に集中する（= focus on ～）

Concentrate on your studies.
勉強に集中しなさい。

☐keep an eye on ~

動 ～を（取られないように）見張る

Can you keep an eye on my bag?
私のバッグを見ていてくれますか？

☐focus A on B

動 Aの焦点をBに合わせる

She focused her camera on the cat.
彼女はそのネコにカメラの焦点を当てた。

☐be keen on ~

形 ～に熱中している

She is keen on knitting.
彼女は編み物に熱中している。

☐be intent on ~

形 ～を決意している、～に集中している

He is intent on winning.
彼は勝つと決意している。

04 to

①方向・到達点・目的・対象

Step 1　イメージで覚える！

学校という到着点へ。

到達点までの方向を示す矢印のイメージのto

go to the school（学校へ行く）や turn to the left（左に曲がる）のように、to は「方向」がコアイメージです。**gave a bag to her** は「彼女にバッグをあげた」ですが、あげたという動作の「対象」が彼女で、その結果彼女はバッグを手にしていることになります。ここから to は「到達点」を暗示します。**take a train** は「電車に乗る」ですが、take a train to Kyoto なら到達点を表しますので、「電車に乗って京都に行く」ことになります。「学校へ行く」は **go to school** と表現することもできますが、冠詞がない **school** は学校本来の目的である「授業を受けに行く」ことなので、こちらは「目的」を表すことになります。

Step 2 イラスト&例文でマスター！

1 犬が「到達点」

He threw a ball to the dog.

彼は犬にボールを投げた。

at を使った、throw a ball at the dog. との意味の違いは、p.60 をチェック！

2 ベッドで寝るという「目的」

She went to bed early last night.

昨夜、彼女は早く寝た。

3 勉強が「目的」

She went to Paris to study music.

彼女は音楽の勉強のためにパリへ行った。

「to 不定詞」も前置詞の to に由来。

4 助ける「方向」

I'm ready to help you anytime.

いつでも喜んでお手伝いします。

形容詞の後に続く「to 不定詞」も、「～する方向性」を表す。

Step 3　toを使った熟語

☑listen to ~

動 ～を聴く、～に耳を傾ける

Listen to the teacher carefully.
先生の言うことをよく聴きなさい。

☑speak to ~

動 ～に話しかける（= talk to ～）

May I speak to you for a minute?
ちょっと話しかけてもよろしいですか？

☑keep to ~

動（道路から）外れない、～を守る

Keep to the right here.
ここでは右側通行です。

☑reply to ~

動 ～に答える（返事をする）（= respond to ~）

She didn't reply to my letter.
彼女は私の手紙に返事をくれなかった。

☑turn to ~

動 ～に向きを変える、～に頼る、～を調べる

I have no one to turn to.
頼りにできる人がいません。

☑get to ~

動 ～にたどり着く

How can I get to the airport?
空港までどうやって行けばいいですか。

☐lead to ~

動 ～に至る、～に通じる

All roads lead to Rome.
全ての道はローマに通ず。

目的達成のためにはさまざまな手段があるということ。

☐amount to ~

動 ～に達する、～に等しい

His debts amounted to 1 million dollars.
彼の借金は百万ドルに達した。

☐appeal to ~

動 ～に訴える

He appealed to a higher court.
彼は上級裁判所に上訴した。

☐look to ~

動 ～の方を見る、～に目を向ける、～を期待する

Always look to the future.
常に未来に目を向けなさい。

☐owe A to B

動 AはBのおかげである、AをBに借りている

I owe what I am to my brother.
今の私があるのは兄のおかげです。

☐expose A to B

動 AをBにさらす

You shouldn't expose your skin to the sun.
肌を太陽にさらさない方がいいです。

☑help oneself to ~

動 自由に取って食べる（飲む）

Please help yourself to anything you like.
好きなものをご自由にどうぞ。

☑apologize to ~

動 〜に謝る

He apologized to me for his rude behavior.
彼は無礼なふるまいを私に謝った。

☑refer to ~

動 〜に言及する、〜を参照する

Please don't refer to this matter again.
二度とこの件については言及しないでください。

☑look forward to ~

動 〜を楽しみにする

I look forward to seeing you again.
またお会いできることを楽しみにしています。

☑pay attention to ~

動 〜に注意を払う、〜に注目する

Please pay attention to me.
私に注目してください。

☑pay a visit to ~

動 〜を訪れる

We paid a visit to the museum.
私たちは博物館を訪れた。

☑ go to work

動 仕事に行く

I have to go to work on Saturdays.
土曜日は仕事に行かなくてはいけません。

☑ sit down to dinner

動 食事のために席につく

We are just about to sit down to dinner.
ちょうど食事をしようと思っていたところです。

☑ come to one's aid

動 ～を助けに行く（= come to one's rescue）

I have come to your aid.
あなたを助けに来ました。

☑ drink to~

動（健康・幸運・成功）を祈って乾杯する

Let's drink to your success!
あなたの成功を祝して乾杯！

☑ be open to ~

形 ～に開かれている

The garden is open to the public on Sundays.
その庭園は日曜日は一般公開されている。

☑ be grateful to ~

形 ～に感謝している

I'm grateful to you for your support.
ご支援に感謝しております。

☐be essential to ~

形 ～にとって不可欠な

I wonder if money is essential to happiness.
お金は幸福には不可欠なものだろうか。

☐be familiar to ~

形 ～によく知られている

He is familiar to many people in this town.
彼はこの町では多くの人たちによく知られている。

☐be kind to ~

形 ～に親切にする・～に思いやりのある（= be nice to ~）

Be kind to the elderly.
お年寄りには親切にしなさい。

☐be sensitive to ~

形 ～に敏感な

I'm sensitive to heat.
私は暑がりです。

☐be indifferent to ~

形 ～に無関心な、～に無頓着な

Many young people are indifferent to politics.
政治に無関心な若者は多い。

☐be subject to ~

形 ～を受けやすい、～に従属する

This schedule is subject to change.
この予定は変更される場合がある。

☑be apt to ~

形 ～しがちだ

I'm apt to be forgetful these days.
私は近ごろ物忘れしがちだ。

☑be sure to ~

形 必ず～する

Be sure to lock your bike.
自転車のカギを必ずかけなさい。

☑be due to ~

形 ～する予定だ、～のためだ

He's due to arrive tomorrow.
彼は明日到着予定だ。

☑be free to ~

形 自由に～する

You are free to come anytime.
いつでも自由に来てください。

☑be likely to ~

形 ～しそうだ

It's likely to rain at any moment.
今にも雨が降りそうだ。

☑be willing to ~

形 喜んで～する、～するのをいとわない

I'm willing to accept the offer.
申し出を受け入れることにはやぶさかではありません。

04

to

②対比・対立

Step 1　イメージで覚える！

双方向の矢印がぶつかるから
「対立」するイメージに。

衝突するイメージで対立を表すto

2人の男性の視線は互いに向き合っています。**ここからtoに「対比」や「対立」の意味が生まれます。**sit face to faceなら「顔を合わせて座る」、sit back to backなら「背を向けて座る」です。
「一対一の話」はa man-to-man talkですが、この表現は性差別の観点から現在では、a person-to-person talkやa one-to-one talkと表現されます。

Step 2 イラスト＆例文でマスター！

1 ドルと円の「対比」

What's the exchange rate for US dollars to Japanese yen?

米ドルと日本円の交換率はいくらですか？

2 5点と1点の「対立」

The Giants defeated the Dragons with a score of 5 to 1.

ジャイアンツは5対1でドラゴンズを破った。

3 誰かとの「対比」

As a baseball player, he is second to none.

野球選手として彼は誰にも劣らない。

4 人と魚の「対比」

Air is to us what water is to fish.

空気と人間の関係は水と魚の関係と同じだ。

A is to B what C is to D（A と B の関係は C と D の関係と同じだ）というイディオム。

☐be superior to ~

形 ～より優れている

Your computer is superior to mine.
あなたのコンピュータは私のより優れている。

☐be inferior to ~

形 ～より劣っている

He's inferior to her in terms of skill.
彼は技術の点で彼女に劣っている。

☐be senior to ~

形 ～より地位が上の

He's senior to everyone else in the company.
彼はこの会社では他の誰よりも偉い。

☐be junior to ~

形 ～より地位が下の

He's still junior to me at work.
彼は仕事ではまだ私の下だ。

☐prefer A to B

動 BよりAを好む

I prefer oranges to bananas.
私はバナナよりオレンジがいい。

☐prior to ~

前 ～より先に

You can check in two hours prior to the departure time.
出発の2時間前にチェックインできます。

☐compare A to B

動 AをBに例える

Life is often compared to a voyage.
人生はよく航海に例えられる。

☐be contrary to ~

形 ～に反する

My views were contrary to those of my parents.
私の考えは両親の考えとは反対だった。

☐object to ~

動 ～に反対する

I object to being treated like that.
そのように扱われるのはごめんです。

☐be equal to ~

形 ～に匹敵する、～に耐えられる

I'm not sure he's equal to the task.
彼がその仕事に耐えられるか私には確信がない。

☐face to face

副 面と向かって

I've never met him face to face.
彼と面と向かって会ったことがない。

☐be opposed to ~

動 ～に反対している

She was opposed to signing the contract.
彼女はその契約にサインすることに反対だった。

04

to

③つながり・
一致・適合

Step 1 イメージで覚える！

双方向の矢印が同じ所を
向くから「一致」のイメージに。

向い合う矢印を「つながり」と捉えるto

対比を表す sit face to face（顔を合わせて座る）は見方を変えて、空間的なつながりと考えれば、**to** に「接触」「適合」「一致」などの意味が生まれます。**have a heart-to-heart talk（腹を割って話すこと）のように心のつながりも表すことができます。**

「ドアのカギ」は the key to the door ですが、抽象的なものとのつながりの「成功のひけつ」も the key to success です。他にも、the road to peace なら「平和への道」、the solution to the problem なら「問題の解決法」です。

Step 2 イラスト＆例文でマスター！

1 頬と頬の「つながり」

They were dancing cheek to cheek.

彼らはチークダンスをしていた。

2 ピアノの音との「つながり」

Let's sing along to the piano.

ピアノに合わせて歌いましょう。

3 テレビとの「つながり」

The kids are glued to the TV.

子どもたちはテレビにくぎづけだ。

glue は動詞で「貼りつける」「くっつける」という意味の語。名詞だと「接着剤」「のり」。

4 ステイプラーでの「つながり」

He stapled the duty-free receipt to my passport.

彼は私のパスポートに免税品の領収書をステイプラーでとめた。

Step 3　toを使った熟語

☑attach A to B

動 AをBにつける

Please attach this label to your baggage.
このラベルを荷物につけてください。

☑adjust (A) to B

動 (Aを) Bに調節する、Bに慣れる

He adjusted his watch to the correct time.
彼は腕時計を正確な時間に合わせた。

☑adapt (A) to B

動 (Aを) Bに合わせる、Bに慣れる

I haven't adapted to the climate here yet.
私はここの気候にはまだ慣れていません。

☑accustom A to B

動 AをBに慣れさせる

It took me a while to accustom myself to the new way of life there.
そこでの生活に慣れるのにしばらく時間がかかった。

☑add A to B

動 AをBに加える

Would you add some sugar to my coffee?
砂糖を少しコーヒーに加えてくれますか？

☑apply to ~

動 ～に適用する、～に当てはまる

These rules apply to everyone.
これらの規則は全ての人に適用される。

☐agree to ~

動 ～に同意する

提案や計画などに同意する場合に使う表現。人や人の意見などに同意する場合はagree with ~（p.166参照）。

I can't agree to your proposal.
あなたの提案には同意できません。

☐correspond to ~

動 ～に一致する、～に相当する

His words corresponded to the facts.
彼の言ったことは事実と合致していた。

☐belong to ~

動 ～に所属する、～のものだ

He belongs to the swimming club.
彼は水泳部に所属している。

☐stick to ~

動 ～にくっつく

Chewing gum stuck to the bottom of my shoe.
チューインガムが靴の底にくっついていた。

☐adhere to ~

動 ～にくっつく、～に固執する、～を守る

You have to adhere strictly to the rules.
ルールを厳密に守らなければいけません。

☐cling to ~

動 ～にしがみつく、～に固執する

The kittens are clinging to their mother.
子ネコたちは母親にしがみついている。

☐take to ~

動 ～が好きになる、～を（習慣として）はじめる

The dog took to him immediately.
その犬はすぐに彼が好きになった。

☐conform to ~

動 ～に合わせる、～に従う

You have to conform to the local customs.
地元の習慣に従わなければいけません。

☐devote A to B

動 AをBにささげる

She devoted her whole life to helping poor people.
彼女は生涯を貧しい人たちを救うことにささげた。

☐attribute A to B

動 AをBのせいにする

He attributed his failure to bad luck.
彼は失敗したことを不運のせいにした。

☐get married to ~

動 ～と結婚する

He got married to Alice last year.
彼は去年、アリスと結婚した。

☐contribute to ~

動 ～に貢献する、～に寄付をする

Your hard work really contributes to the success of the company.
あなたの頑張りは会社に貢献しています。

☐be similar to ~

形 ～に似ている

My opinion is similar to yours.
私の意見はあなたの意見に似ています。

☐according to ~

前 ～によれば、～に応じて

According to the weather forecast, it will rain this afternoon.
天気予報によれば、午後から雨でしょう。

☐to one's taste

形 人の好みに合って（= to one's liking)

This shirt isn't to my taste.
このシャツは私の好みではありません。

☐to the point

「的外れな」はoff the point
（p.155参照）。

形 的を射て

What you're saying is to the point.
あなたの言っていることは的を射ている。

☐made to order

形 あつらえの、オーダーメイドの

He has all his suits made to order.
彼のスーツは全てオーダーメイドです。

☐to no purpose

副 むだに

He did his best but to no purpose.
彼は最善を尽くしたがむだだった。

04

to

④限界・結果

Step 1 イメージで覚える！

「限界」に向かって進む矢印と
そこに到達した「結果」のイメージに。

ものごとの「限界」と「結果」を表すto

「10 まで数える」は、count to ten、イギリス英語で「10 時 5 分前」は It's five to ten. と表しますが、これは「10 時まで（あと）5 分です」が直訳です。また、to 不定詞の His dog lived to be 10 years old. なら、「彼の犬は 10 歳まで生きた」ですが、これらの例では、全て 10 が限界と考えることができます。

She went to Paris to study music. は「彼女は音楽を勉強するためにパリに行った」ですが、「彼女はパリに行って音楽を勉強した」という「結果」と解釈することもできます。

Step 2 イラスト＆例文でマスター！

1 成長の「結果」

She grew up to be a doctor.

彼女は成長して医者になった。

2 勉強の「結果」

He studied hard only to fail the exam.

彼は一生懸命勉強したが結局、試験に落ちた。

only to ～は好ましくない結果を表す。

3 試験の「結果」

To his disappointment, he failed the exam.

がっかりしたことに、彼は試験に落ちてしまった。

More Information

感情を表す構文も結果表現

to one's disappointment のように＜ **to one's ~**（感情を表す名詞）＝人が～したことには＞の構文の **to** も「結果」を表しています。**disappointment**（失望）は、**surprise**（驚き）、**sorrow**（悲しみ）、**regret**（後悔）、**joy**（喜び）に変えてもＯＫです。

Step 3　toを使った熟語

☑ be moved to tears

動 感動して涙を流す

He was moved to tears by the movie.
彼は映画を観て感涙した。

☑ be sentenced to ~

形 ～の刑を受ける

The robber was sentenced to three years in prison.
その強盗は禁固３年の刑を受けた。

☑ be smashed to pieces

動 粉々に砕ける

The boat was smashed to pieces.
その船は粉々に砕けた。

☑ get soaked to the skin

動 ずぶぬれになる

He got soaked to the skin in the rain.
彼は雨でずぶぬれになった。

☑ to one's heart's content

副 十分に、心行くまで

He swam to his heart's content.
彼は十分に水泳を楽しんだ。

☑ to (the best of) one's knowledge

副 ～の知る限り

To the best of my knowledge, she's an able secretary.
私の知る限り、彼女は有能な秘書です。

☐ to some extent

副 ある程度

I can understand your position to some extent.
ある程度はあなたの言うことは理解できます。

☐ to the end

副 最後まで

She tried her best to the end.
彼女は最後まで最善を尽くした。

☐ to the full

副 十分に、心行くまで

I enjoyed myself to the full.
心行くまで楽しんだ。

☐ come to an end

動 終わる

The argument came to an end at midnight.
その論争は夜中の12時に終わった。

☐ put an end to ~

動 〜を終わらせる

Now is the time to put an end to racism.
今こそ民族差別をなくす時だ。

☐ to the last drop

副 最後の1滴まで

He drank the wine to the last drop.
彼はワインを最後の1滴まで飲んだ。

05

for

①方向・ために・とって

Step 1　イメージで覚える！

プレゼントは、両手を広げた先の方にいる人へ。

両腕を広げた内側とその先の方を表すfor

for は「前に」や「先に」が語源で、「前に向かって進む」ことが原義です。 両腕を広げた内側の範囲内と、その先の「方向」を表すのがコアイメージで、**両腕を広げた先にいる相手に差し出すプレゼントは a present for you（あなたへのプレゼント、あなたのためのプレゼント）です。** その先の方向を「時間」に変えれば、reserve a table for 7 o'clock で、「7 時に席の予約をする」です。

Step 2 イラスト&例文でマスター!

1 京都駅の「方向」

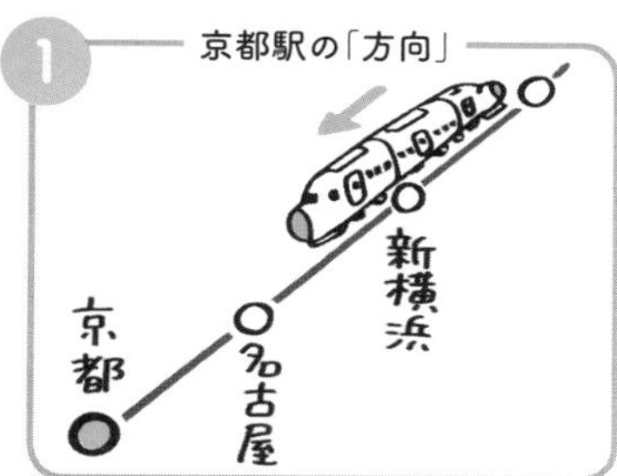

He took a train bound for Kyoto Station.

彼は京都駅行きの電車に乗った。

必ずしも京都駅に行ったとは限らない。

2 あなたの「ために」

This is for you, Keiko.

ケイコ、これ君にあげる。

相手にプレゼントを差し出す時の決まり文句。

3 セイコの「ために」

I bought a bag for Seiko.

セイコにバッグを買いました。

4 6時の「方向」

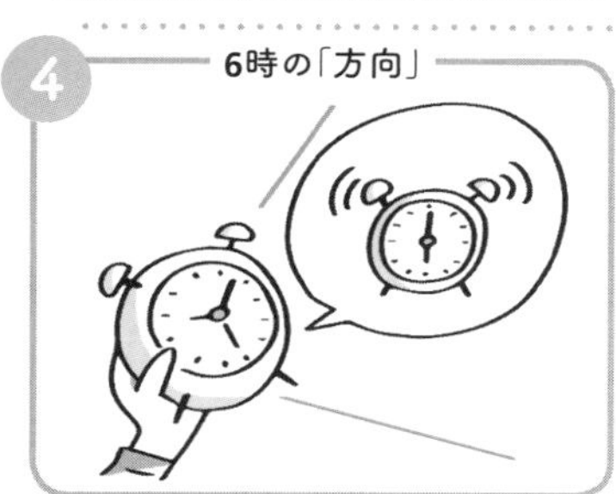

I set the alarm for 6 o'clock.

私は目覚ましを6時にセットした。

Step 3　forを使った熟語

☐leave for ~

動 ～に向かう

The plane left for Hawaii.
飛行機はハワイに向かった。

☐head for ~

動 ～に向かって進む

We headed for the airport.
私たちは空港へ直行した。

☐bound for ~

形 ～行きの

He boarded a ship bound for India.
彼はインド行きの船に乗った。

More Information

giveはto＋人、buyはfor＋人

I gave a bag to her.（彼女にバッグをあげました）の文は、**to her** を省略して「バッグをあげました」だけでは誰にあげたかわからないので、文として成り立ちません。でも、**I bought a bag.** は、自分のために買ったという意味になるので「誰に」の部分がなくても文として成立します。受験英語でいう動詞の「**give** 型」と「**buy** 型」ですね。**buy** と同様に、**make**（作る）、**choose**（選ぶ）、**find**（見つける）、**cook**（料理する）、**order**（注文する）などの動詞も前置詞の **for** と結びつくことになります。

☐stand up for ~

動 ～を擁護する

They stood up for women's rights.
彼らは女性の権利を擁護した。

☐prepare for ~

旅行の手配や旅程の計画のための準備に。

動 ～の準備をする

He is busy preparing for the trip.
彼は旅行の準備に忙しい。

☐provide for ~

動 ～を養う

I have to provide for three children.
私には養うべき子どもが3人います。

☐be fit for ~

形 ～に適している（= be suitable for ～）

You are not fit for this job.
あなたはこの仕事に向いていません。

☐be good for ~

形 ～に役立つ、～に有効な

This ticket is good for every ride in the amusement park.
遊園地ではこのチケットは全ての乗り物に使えます。

☐be ready for ~

旅行の荷物をまとめるなどの準備に。

形 ～の準備ができている

Are you ready for the trip?
旅行の準備はできましたか？

05

for

②目的・目標・追求・求める

Step 1 イメージで覚える！

何かを「求めて」ライトで照らすイメージで。

目的や目標を、追求するfor

両腕を広げた内側の範囲内と、その先の方向のイメージを、暗闇で懐中電灯をつけた時の光の範囲と方向のイメージに変えてみてください。「目的」や「追求」のイメージです。**go for a drink** なら「一杯飲みに行く」、**go for a walk** なら「散歩に行く」。**A kettle is used for boiling water.** なら「ヤカンはお湯を沸かすために使われる」と、どれも目的を表しています。同様に **What did you do such a thing for?** は「何でそんなことをしたのですか？」と目的を聞いています。
また、両腕を広げた行為＝相手を受け入れる連想から、I'm for your plan. なら「私はあなたの計画に賛成です」、**I voted for the plan.** なら「私はその案に賛成の投票をした」です。

Step 2 イラスト&例文でマスター！

1 ミルクを「求める」

The baby is crying for milk.

赤ちゃんはミルクを求めて泣いている。

2 本を「求める」

He reached for a book on the shelf.

彼は棚の本に手を伸ばした。

3 平和を「求める」

We hope for a peaceful end to the conflict.

私たちは紛争の平和的な終結を望んでいる。

4 ビールを「求める」

I'm dying for a beer.

ビールが飲みたくてたまらない。

dying は die（死ぬ）の ing 形。be dying for ~ で「～が欲しくてたまらない」。

Step 3 forを使った熟語

☐look for ~

動 ～を探す

Are you looking for anything?
何かお探しですか？

☐search for ~

動 ～を捜す、～を探し求める

The police are searching for the missing child.
警察は行方不明の子を捜索している。

☐ask (A) for B

動 (A) に B を求める

The workers asked for a pay increase.
労働者たちは賃上げを求めた。

☐call for ~

動 (公に) ～を要求する・～を大声で求める

They are calling for his resignation.
彼らは彼の辞任を要求している。

☐long for ~

動 ～を切望する

My son is longing for Santa Claus to come.
息子はサンタクロースが来るのを切望している。

☐apply for ~

動 ～に応募する

It's too late to apply for the job.
その仕事に応募するには遅すぎる。

☐send for ~

動 〜を呼びに行かせる

Send for a doctor right now.
今すぐ医者を呼んでください。

☐care for ~

動 〜を好む、〜の面倒をみる

Would you care for another drink?
もう1杯いかがですか？

☐wish for ~

動（容易に得られないもの）を望む・欲しいと思う

They have long wished for a new house.
彼らは新築の家をずっと欲しいと思っている。

☐yearn for ~

動 〜にあこがれる、〜を非常に欲しがる

The couple yearned for a child.
その夫婦は子どもをとても欲しがっていた。

☐be eager for ~

形 〜を熱望して

He is eager for success.
彼は成功を強く望んでいる。

☐be anxious for ~

形 〜を切望して

We are anxious for her safety.
私たちは彼女の無事を切望している。

05

for

③交換・対価・代償

Step 1 イメージで覚える！

両手を広げた先にあるバッグを
5万円を出して求めるイメージで。

何かと何かを「交換」する、「対価・代償」のfor

両手を広げた先に好みのバッグがあれば、それにお金を払って自分のものにするわけですが、I bought the bag for 50,000 yen. で「5万円でバッグを買った」ことになり、ここから「対価」「代償」「交換」の意味が生まれます。

Say hi to your wife for me. は「奥さんによろしくね」という別れ際の決まり文句ですが、for me は「私のために」ではなく、「私の代わりに」という意味です。

Step 2 イラスト&例文でマスター!

1 労働と褒美の「交換」

This is a reward for your hard work.

これはあなたが一生懸命働いてくれたご褒美です。

2 時計とお金の「交換」

I have no money for this watch.

この時計を買うお金がありません。

3 5万円とバッグの「交換」

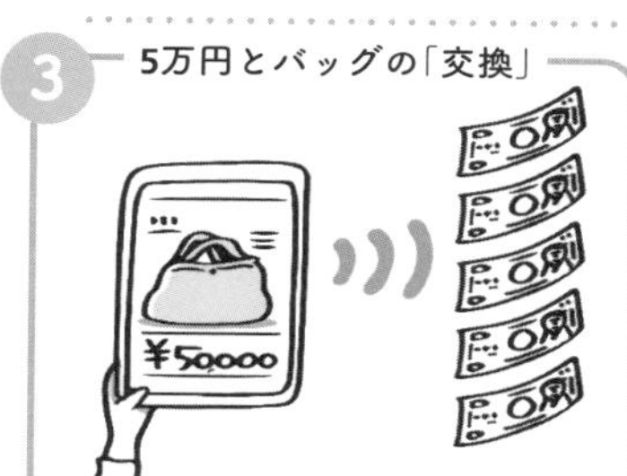

I sold the bag for 50,000 yen.

私はそのバッグを5万円で売った。

4 英語とフランス語の「交換」

What is the word for "chopsticks" in French?

フランス語で「お箸」は何ですか?

☐pay for ~

動 ～の代金を払う、～を償う

Who paid for your driving lessons?
自動車の教習料金は誰が払いましたか？

☐exchange A for B

動 AをBと交換する

Where can I exchange my yen for pounds?
どこで円をポンドに両替できますか？

☐trade A for B

動 AをBと交換する（= swap A for B）

Can I trade my watch for yours?
私の時計をあなたの時計と交換できますか？

☐for nothing

副 ただで（= for free）

You can get it for nothing.
ただでもらえますよ。

☐stand for ~

動 ～を表す、～を支持する

"UN" stands for "United Nations."
UNは「国際連合」の意味です。

☐substitute A for B

動 Bの代わりにAを使う

I substituted margarine for butter.
私はバターの代わりにマーガリンを使った。

☐compensate for ~

動 ～を償う、～の埋め合わせをする

Money can't compensate for loss of life.
お金で人命の喪失は償えない。

☐speak for ~

動 ～の代弁をする、～を弁護する

The captain spoke for his team.
キャプテンはチームを代表して話した。

☐account for ~

動 ～を占める、～を説明する、～の原因となる

Semiconductors account for 50% of our total sales.
半導体は当社の売り上げの 50 パーセントを占めている。

☐word for word

副 一語一語、正確に

Don't translate word for word.
逐語訳（一語一語、直訳）をしてはいけません。

☐in return for ~

前 ～のお礼に

I'll buy you lunch in return for your help.
助けてくれたお礼にランチをおごります。

☐in exchange for ~

前 ～と交換に

Will you give me your chocolate in exchange for my cake?
僕のケーキと交換に君のチョコレートをくれない？

05

for

④理由・原因

Step 1 イメージで覚える！

感謝の理由は両手を広げた
先にある「プレゼント」に。

行動の理由や原因を表すfor

プレゼントを差し出している人に対して両手を広げて感謝の気持ちを表す表現が、Thank you for the present.（プレゼントをありがとう）です。ここから、for は「理由」や「原因」を表すことになります。thank 人 for ~ で、「～してくれたことに人に感謝する」です。

Step 2 イラスト&例文でマスター！

1 禁煙の「理由」

For this reason I stopped smoking.

こういう訳でタバコをやめました。

This is why I stopped smoking. でも同じ意味に。

2 有名な「理由」

This town is known for its dolls.

この町は人形で知られています。

be known for ~ は be famous for ~（～で有名な）に言い換えも可。

3 枯れた「理由」

The tree died for want of water.

その木は水が不足して枯れた。

for want of ~ は for lack of ~ でも同じ意味に。

4 跳ねた「理由」

She jumped for joy.

彼女はうれしくて飛び跳ねた。

05 for

⑤時間の範囲

Step 1 イメージで覚える！

「両手を広げた範囲」で
時間の幅を示すイメージで。

数値や時間を表す語とともに使う「範囲」のfor

両腕を広げた範囲を時間の範囲と考えます。時間の幅は、for a few seconds（数秒間）から forever（永遠に）までさまざまです。「～の間」という意味の前置詞に during がありますが、for は数値や時間を表す語とともに使うのに対して、during は、during the summer（夏の間）や during the meeting（会議の間）など、ある状態が続いている間、はじまりと終わりが決まっているものの間という違いがあります。I was in the hospital for two weeks during the summer. なら「私は夏の間の 2 週間、入院していました」です。

Step 2 イラスト&例文でマスター！

1 長い間という「時間の範囲」

I haven't seen him for a long time.

長い間彼に会っていません。

for a long time は for long でも OK。

2 何年もという「時間の範囲」

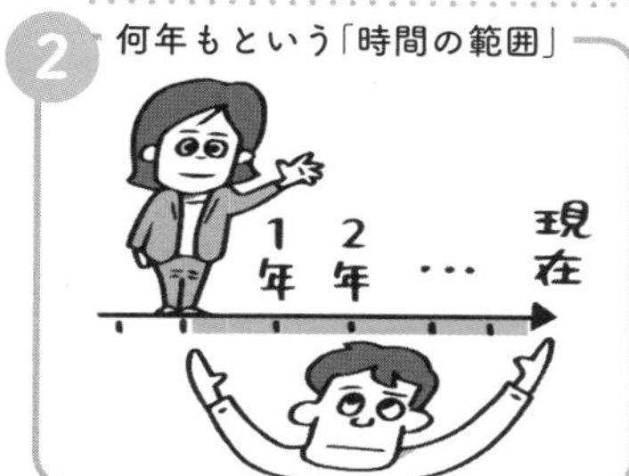

I haven't seen her for years.

何年も彼女に会っていません。

for years は for ages に言い換えも可。

3 しばらくという「時間の範囲」

I'll stay at this hotel for a while.

しばらくの間このホテルに泊まります。

4 当面という「時間の範囲」

I have enough money for the time being.

差し当たりお金は十分あります。

05

for

⑥観点・基準・関連

Step 1 イメージで覚える！

両手を広げた範囲を基準に。

限られた範囲の「観点／基準」を示すfor

両腕を広げた時間の範囲を5月に限定します。「5月としては」のように、5月の平均気温という「観点」から、その「基準」を超えたり下回っているので、It's cold / warm for May. は「5月の割に寒い / 暖かい」となります。

同様に、都会育ちの割に田舎暮らしのことをよく知っているなら、He knows a lot about life in the countryside for a city boy.（都会育ちにしては、彼は田舎暮らしのことをよく知っている）です。

a present for her（彼女へのプレゼント）は両腕を広げた先にいる彼女に渡すプレゼントですが、a difficult problem for her なら、視点が彼女にあり、「彼女とっての難問」の意味になります。

Step 2 イラスト&例文でマスター！

1 夕食に「関連」して

What would you like for dinner?

夕食は何がよろしいですか？

2 今日の「基準」では

That's all for today.

今日はこれで終わりです。

So much for today. も同じ意味。

3 初心者の「基準」では

For a beginner, he skis very well.

初心者としては彼はスキーがとても上手です。

4 私の「基準」では

This sweater is too big for me.

このセーターは私には大きすぎる。

Step 3 forを使った熟語

☐act for ~

動 〜の代理を務める

I acted for my father.
私は父の代理を務めた。

☐pass for ~

couldは「あなただったら」という仮定法の用法。

動 〜で通る

You could easily pass for thirty.
あなたは30歳と言っても十分通ります。

☐take ~ for granted

動 〜を当然のことと思う

I took it for granted that he would fail.
彼の失敗は当然だと思った。

☐take A for B

動 AをBと思う、AをBと勘違いする

I took him for his twin brother.
私は彼を双子のお兄さんと間違えた。

☐for now

副 今のところ（は）、とりあえずは

That's all for now.
今のところそれで全部です。

☐for one's age

副 年の割に

She looks young for her age.
彼女は年の割に若く見える。

☐for example

副 例えば（= for instance）

Many countries including Japan and China, for example, have a lot of earthquakes.
例えば、日本や中国など多くの国で地震がある。

☐for one's part

副 〜としては、〜に関する限り

For my part, I prefer living in the suburbs.
私としては郊外に住む方がいいです。

☐as for ~

前 〜について言えば、〜に関する限り

As for me, I'm for the proposal.
私に関しては、その提案に賛成です。

☐for the most part

副 大部分は

It snowed for the most part during my stay in Hokkaido.
私が北海道にいる間、大部分は雪が降っていた。

☐for one thing

副 1つには

For one thing, I don't like a cold climate.
1つには私は寒い気候が好きではありません。

☐for all ~

前 〜にもかかわらず

For all his faults, he is a good teacher.
欠点があるけれど、彼はいい先生です。

06

from

①起点・起源・産地・出身

Step 1 イメージで覚える！

ワインの「出所」。

「出所」というイメージのfrom

from は「～から」という意味で知られていますが、ある場所に「起点」をおくこと、つまり「出所」がコアイメージです。ワインの出所がフランスなら wine from France（フランス産のワイン）、単語の出所がラテン語なら a word from Latin（ラテン語起源の単語）、関取の出所がハワイなら a sumo wrestler from Hawaii（ハワイ出身の関取）のように、「産地」「起源」「出身」などを表します。

Step 2 イラスト&例文でマスター！

1 人の「出身」

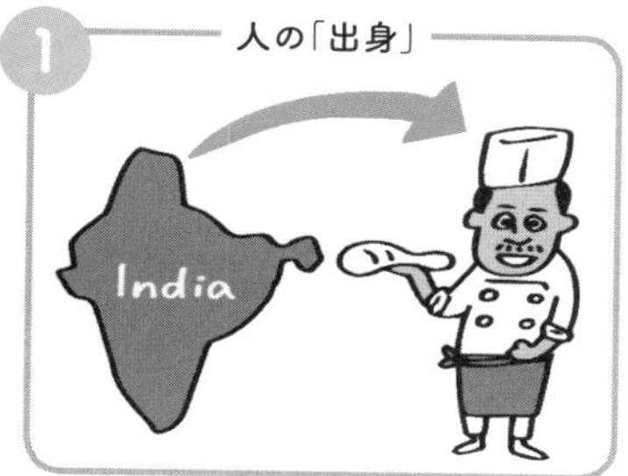

"Where are you from?"
"I'm from India."

「どちらの出身ですか？」
「インドの出身です」

2 ワインの「起点」

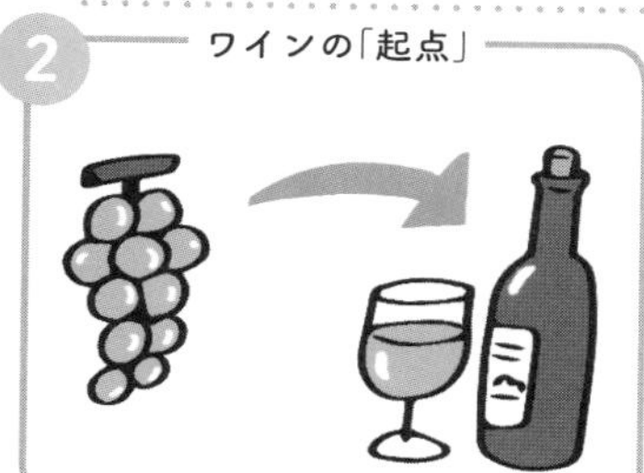

Wine is made from grapes.

ワインはブドウでできています。

原料も、ワインの出所（起点）というイメージ。

3 友人になった「起点」

She is a friend from work.

彼女は職場の友人です。

出会った場所を起点と考えるため。my teacher from high school なら「高校時代の先生」。

4 仕事場が「起点」

I work from home these days.

最近は在宅勤務です。

仕事をする場所の起点が家ということ。

06

from

②場所と時の
起点・出発点

Step 1 イメージで覚える！

Tokyo

Osaka

出発点の東京から
到達点の大阪まで。

場所や時間の起点を表すfrom

from は、「前に」というのが語源ですが、単に起点をおくだけでなく、あるものを起点にして、そこから動き出す「出発点」のイメージです。「東京発、大阪行の列車」は a train from Tokyo to Osaka ですが、このように、起点や出発点を表す from は方向や到達点を表す to との結びつきが強く、from A to B（A から B まで）の形でよく使われます。「1 から 10 まで数える」なら count from one to ten です。時間的な起点や出発点も from です。「9 時から 5 時まで働く」なら、work from nine to five です。from top to bottom（一番上から一番下まで）や from door to door（ドアからドアへ）のように、対句的なものや同一の語が入る時は無冠詞になります。

Step 2 イラスト&例文でマスター！

1 10番線が「出発点」

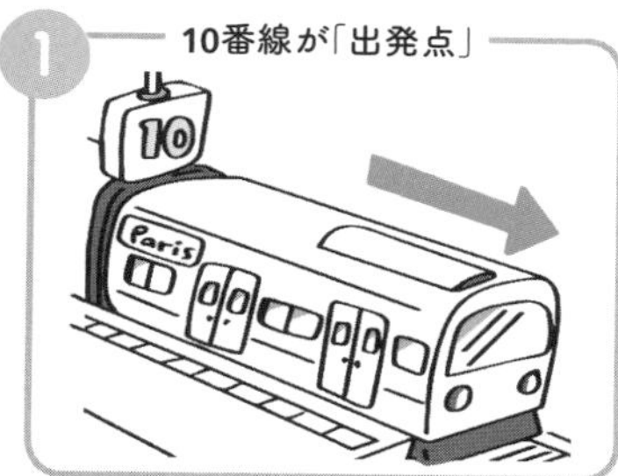

The next train for Paris leaves from track number 10.

次のパリ行きの列車は10番線から出ます。

2 駅が「出発点」

This bus goes from the station to the airport.

このバスは駅から空港まで行きます。

3 11時が「起点」

The store is open from 11 a.m.

その店は午前11時からはじまります。

4 月曜日が「起点」

He works from Monday to Thursday.

彼は月曜日から木曜日まで勤務します。

Step 3 fromを使った熟語

☐derive from ~

動 ～に由来する

This word derives from Greek.
この単語はギリシャ語に由来する。

☐hear from ~

動 ～から便りがある

I've heard nothing from him recently.
最近は彼から何の連絡もない。

☐graduate from ~

動 ～を卒業する

She graduated from Keio University last year.
彼女は昨年、慶應大学を卒業した。

☐recover from ~

動 ～から回復する、～から立ち直る

She recovered from a heart attack.
彼女は心臓の発作から回復した。

☐order A from B

動 AをBへ注文する

I often order books from a New York bookshop.
私はよくニューヨークの本屋に本を注文する。

☐borrow A from B

動 AをBから借りる

I borrowed this DVD from Tom.
このDVDをトムから借りた。

☐ live from hand to mouth

動 その日暮らしの生活をする

We lived from hand to mouth when I was young.
若いころ、うちはその日暮らしの生活だった。

☐ go from bad to worse

動 悪化する

The situation went from bad to worse.
事態はさらに悪化した。

☐ from time to time

副 時々

I get headaches from time to time.
私は時々頭が痛くなる。

☐ from day to day

副 日ごとに、その日その日を

These days the weather keeps changing from day to day.
ここのところ天気が日ごとに変わり続けている。

☐ from beginning to end

副 はじめから終わりまで

Did you read the book from beginning to end?
その本をはじめから終わりまで読みましたか？

☐ from now on

副 今後は、これからは

I'll be careful from now on.
今後は気をつけます。

06

from

③根拠・観点・原因

Step 1 イメージで覚える！

from my point of view は
私を起点にして見た「観点」から。

意見や考えを「起点」とするfrom

物理的な場所でなく、意見や考えなど抽象的な場を起点にすれば、「根拠」や「観点」の意味になります。from my point of view なら「この観点からすると」、speaking from my experience なら「私の経験から言わせてもらえば」です。
He's suffering from depression.（彼はうつ病を患っている）のように、彼が苦しんでいる (suffering) のは、うつ病という「原因」が起点と考えることもできます。

Step 2 イラスト＆例文でマスター！

Judging from the look of the sky, it's going to rain.

空模様から判断すると雨が降りそうだ。

He's tired from a long flight.

彼は飛行機の長旅で疲れている。

He died from overwork.

彼は過労で亡くなった。

The cat is shivering from the cold.

ネコは寒さで震えている。

06

from

④分離・阻止・抑制・区別

Step 1 イメージで覚える！

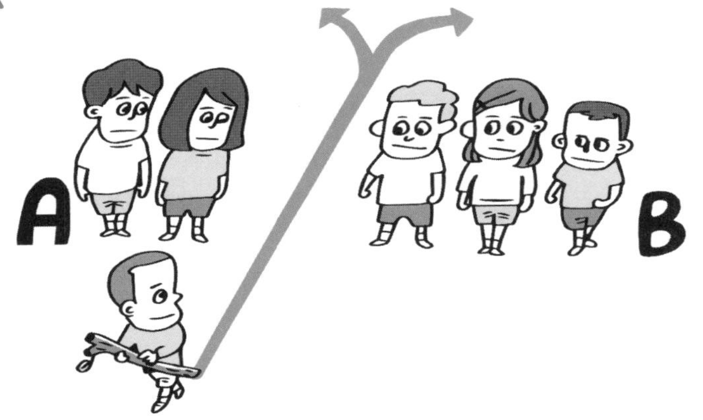

線を引いて「その他」の集団と「区別」するイメージで。

「区別」することで分離・阻止を表すfrom

ten kilometers from Asakusa は浅草を起点として、そこから「10㎞離れた所」になりますが、起点からの「分離」を表すこともできます。Five from ten is five. は、「10 から 5 を分離したら答えは 5」ですが、この場合は「除去」と考えることができます。冷蔵庫の中にある肉を他のものと分離するのは **separate meat from other food in the fridge** ですが、この場合は「区別」です。
この区別を「行動の分離」と考えれば、「阻止」や「禁止」のニュアンスになり、**The typhoon stopped the ship from sailing.** なら「台風のために船は航行できなかった」です。

Step 2 イラスト＆例文でマスター！

His answer was far from perfect.

彼の答えは完璧ではなかった。

far from ~ は直訳すると「～からほど遠い」。そこから転じて「決して～ない」という意味に。

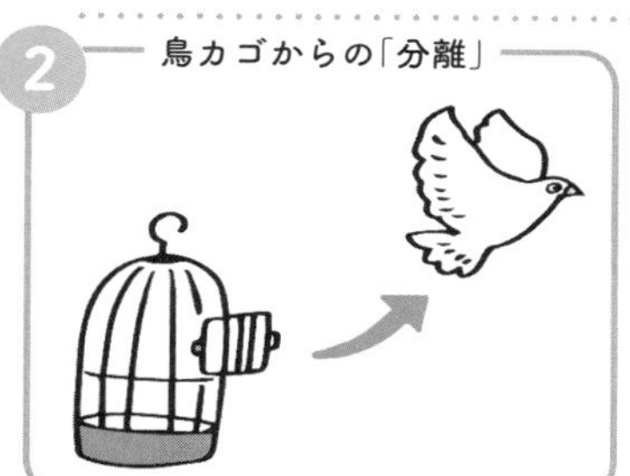

The bird escaped from the cage.

鳥はカゴから逃げた。

I have a lot of things to do aside from schoolwork.

学校の勉強の他にやることがたくさんある。

He lives apart from his wife for a specific reason.

彼はある理由で妻と別居している。

Step 3　fromを使った熟語

☑refrain from ~

動 ～を控える

Please refrain from smoking.
喫煙はご遠慮ください。

☑keep A from ~ing

動 Aが～することを妨げる（～させないようする）

The heavy rain kept me from going out.
豪雨で私は外出できなかった。

☑save A from ~ing

動 Aが～するのを助ける

He saved the boy from drowning.
彼はその少年が溺れかけているのを助けた。

☑prevent A from ~ing

動 Aが～することを妨げる

The snow prevented him from coming on time.
雪で彼は時間通りに来られなかった。

☑prohibit A from ~ing

動 Aが～することを禁止する

The country prohibits tourists from bringing plastic bags.
その国は旅行者のビニール袋の持ち込みを禁止している。

☑discourage A from ~ing

動 Aが～するのをやめさせる

My parents tried to discourage us from getting married.
両親は私たちの結婚をやめさせようとした。

☐tell A from B

動 AとBと区別する

I can't tell him from his brother.
私は彼と彼のお兄さんを区別できない。

☐know A from B

動 AとBを見わける

It isn't always easy to know a good book from a bad one.
良書と悪書の見わけはいつも容易なわけではない。

☐distinguish A from B

動 AをBと区別する（識別する）

How can you distinguish genuine pearls from cultured pearls?
本物の真珠と養殖の真珠をどう識別するのですか？

☐be different from ~

形 〜と異なる、〜と違う（= differ from ~）

My opinion is different from his.
私の意見は彼の意見とは異なる。

☐be distinct from ~

形 〜と全く異なる、見てハッキリわかる

The animal cell is distinct from a plant cell.
動物の細胞と植物の細胞は全く異なる。

☐vary from A to A

動 Aによって異なる

The weather varies from hour to hour.
時間ごとに天気は変わる。

07

of

①全体の一部・構成

Step 1 イメージで覚える！

山を背景に、山全体の「一部」としての山頂と麓。

あるものを背景に、その全体の中の一部をさすof

「〜の」という意味で知られている of は、at the top of the mountain（山の頂上で）や at the foot of the mountain（山の麓に）のように使いますが、「頂上」と「麓」は山全体の一部であって、両者は山とは切っても切れない関係にあります。このように、A of B（B の A）は「全体（B）」と「一部（A）」の関係を表し、全体（B）を背景にして、そこから分離された一部（A）に焦点が当てられます。
「チームの一員」なら a member of the team ですが、この場合は「所属」ですが、チームから見れば「所有」または「構成」となります。

Step 2 イラスト＆例文でマスター！

1 私の旧友の「一部」

Joe is an old friend of mine.

ジョーは旧友の１人です。

2 東京の「一部」

He was born in the Asakusa district of Tokyo.

彼は東京の浅草生まれです。

3 1月の中の「一部」

She was born on the 1st of January.

彼女は１月１日生まれです。

4 全て（四季）の「一部」

I like summer the best of all.

私は四季の中で夏が一番好きです。

the best の the は省略可。

07

of

②構成・分量

Step 1 イメージで覚える！

グラスの背景にワイン。

「全体」を構成する種類や分量を示すof

a glass of wine（1杯のワイン）、**a cup of coffee**（1杯のコーヒー）、**a bottle of beer**（1ビンのビール）などの慣用句的な表現も、それぞれ、ワイン・コーヒー・ビールが背景にあると考えればわかりやすいと思いますが、これもグラス・カップ・ビンの容器の中身を「構成」しているのがワイン・コーヒー・ビールです。

さらに、a kind (= sort / type) of pasta（パスタの一種）やthree kilos of rice（3キロのお米）のように「種類」や「分量」なども表すこともできます。

Step 2 イラスト＆例文でマスター！

1 材料を「構成」する綿

This shirt is made of cotton.

このシャツは綿でできている。

2 ホールケーキを「構成」する１切れ

"Can you finish it in an hour?"
"Sure, it's a piece of cake."

「１時間でそれできる？」

「もちろん、朝飯前さ」

a piece of cake は直訳すると「１切れのケーキ」。１切れのケーキなら簡単に食べきれることから「簡単にできること」「朝飯前」の意味に。

3 お金の「分量」の一部

I'll save some of the money.

そのお金の一部は貯めておきます。

4 バナナを「構成」する房

He bought a bunch of bananas at the market.

彼は市場で１束のバナナを買った。

Step 3　ofを使った熟語

☐ consist of ~

動 〜から成る

My English class consists of ten people.
私の英語の授業の構成は 10 人です。

☐ be composed of ~

動 〜から成る

Water is composed of hydrogen and oxygen.
水は水素と酸素から成る。

☐ a bit of ~

形 少量の〜

I have a bit of a cold.
風邪気味です。

☐ a couple of ~

形 2 つの〜、2・3 の〜

I'll be back in a couple of minutes.
2・3 分で戻って来ます。

☐ a variety of ~

形 いろいろな〜、さまざまな〜

This shop sells a variety of goods.
この店はいろいろな商品を売っている。

☐ a great deal of ~

形 かなり多くの〜（数えられない名詞）

They drink a great deal of tea in England.
イングランドではたくさんの紅茶が飲まれている。

☐a large number of ~

形 かなり多くの～（数えられる名詞）

A large number of people applied for the job.
かなり多くの人がその仕事に応募した。

☐plenty of ~

形 たくさんの～（数えられる名詞と数えられない名詞）

Drink plenty of water before you start running.
走り出す前に水分をたくさんとりなさい。

☐kind of ~

副 いくぶん、ちょっと（= sort of ~）

I'm kind of hungry.
ちょっとお腹が空いています。

☐dozens of ~

形 数十もの～

I've been here dozens of times.
何十回もここに来ています。

☐hundreds of ~

形 数百の～

Hundreds of cars are produced in this factory every month.
この工場で毎月数百台の車が生産される。

☐hundreds of thousands of ~

形 数十万の～

Hundreds of thousands of spectators gathered in the square.
数十万の観衆が広場に集まった。

07

of

③関連・明確化

Step 1 イメージで覚える！

パーティーに招待するという、
彼女の親切な性格の「明確化」。

その人に関連する一部を明確化するof

A of B の表現は B の背景に A が存在しているイメージですが、これは見方を変えて、背景となっている B から A を取り出して明確化するイメージで捉えることもできます。**It was kind of her to show me the way.（彼女は親切にも道案内をしてくれた）という文では、彼女という人間を形成している一部である「親切な性格」を取り出しているイメージ、**How nice of you to invite me to the party!（パーティーに招待してくれてありがとう！）**は、あなたの一部である「優しさ」を取り出して感謝しているイメージです。**

Step 2 イラスト＆例文でマスター！

1 彼の性格の「明確化」

It was generous of him to pay for me.

彼は気前よく私の分を払ってくれた。

2 彼の情報の「明確化」

"Have you ever met him?" "No, but I know of him."

「彼に会ったことがありますか？」
「いいえ、でも彼のことは知っています」

3 あなたのイメージの「明確化」

I'm always thinking of you.

いつもあなたのことを考えています。

4 悪魔のイメージの「明確化」

Speak of the devil!

うわさをすれば影。

speak of ～で「～のことを話す」。

Step 3　ofを使った熟語

☐think of ~

動 ～を思いつく、～を思い出す

Did you think of any good ideas?
何かいい考えを思いつきましたか？

☐speaking of ~

副 ～と言えば（= talking of ~）

Speaking of traveling, which country would you like to visit?
旅行と言えば、どこの国に行きたいですか？

☐hear of ~

動 ～のことを聞く

I've never heard of such a thing.
そんなことは聞いたことがありません。

☐inform A of B

動 A に B のことを知らせる

Please inform us of any change of address.
住所の変更があれば知らせてください。

☐remind A of B

動 A に B を思い出させる

This song reminds me of my ex-girlfriend.
この歌を聴くと元カノを思い出す。

☐suspect A of B

動 A に B の疑いをかける

The police suspect him of theft.
警察は彼に窃盗の容疑をかけている。

☐ be afraid of ~

形 ～を恐れる

Don't be afraid of making mistakes when you speak English.
英語を話す時は間違えることを恐れてはいけない。

☐ be fond of ~

形 ～が好きである

I'm fond of sweet things to eat.
私は甘いものが好きです。

☐ be proud of ~

形 ～を誇りに思う

I'm proud of my English teacher.
私は英語の先生を誇りに思っています。

☐ be ashamed of ~

形 ～を恥ずかしく思う

You have nothing to be ashamed of.
恥ずかしいと思うことは何もありません。

☐ be capable of ~

形 ～できる、～する可能性がある

This robot is capable of using chopsticks.
このロボットはお箸を使うことができる。

☐ be typical of ~

形 ～に典型的である、～に特有である

It's typical of him to be late.
遅刻するとは彼らしいですね。

Step 3 ofを使った熟語

☑be worthy of ~

形 ～に値する

Her idea is worthy of consideration.
彼女の考えは考慮に値する。

☑be jealous of ~

形 ～をうらやましく思う

I'm jealous of you.
あなたがうらやましいです。

☑be sure of ~

形 ～を確信する

I'm sure of her potential.
彼女の可能性を確信しています。

☑be aware of ~

形 ～に気づいて（= be conscious of ~）

She was aware of him looking at her.
彼女は彼が見ていたことに気づいていた。

☑be conscious of ~

形 ～を意識している、～に気づいている

Normally, we are not conscious of breathing.
普段、私たちは呼吸をしていることを意識していない。

☑be sick and tired of ~

形 ～にうんざりする

I'm sick and tired of your complaints.
あなたの不平にはうんざりです。

☑ be guilty of ~

形 ～の罪を犯した、～の責任がある

He was guilty of murder.
彼は殺人の罪を犯した。

☑ be ignorant of ~

形 ～を知らない

She was ignorant of the fact.
彼女はその事実を知らなかった。

☑ be true of ~

形 ～に当てはまる

The same is true of this case.
同じことがこの場合にも当てはまる。

☑ be characteristic of ~

形 ～特有の、～に典型的な

It's characteristic of Bill to refuse the offer.
そのオファーを断るとはいかにもビルらしい。

☑ convince A of B

動 A に B を説得する

He tried to convince the jury of his innocence.
彼は陪審員に無実を説得しようとした。

☑ beware of ~

動 ～に注意する

Beware of pickpockets.
スリに注意。

07

of

④分離

Step 1 イメージで覚える！

駅を背景に歩いて
5分離れた所に。

一部を取り出すイメージから「分離」のof

「A of B」の、全体(B)から一部(A)を取り出すイメージは、全体からの「分離」と考えることもできます。**I live about 20 kilometers north of Asakusa.**（私は浅草から約20㎞北の所に住んでいる）や、I live within five minutes' walk of the station.（私は駅から歩いて5分以内の所に住んでいる）の**of**は「浅草」や「駅」からの分離ですが、これらも背景に浅草や駅がイメージされます。**I live within a stone's throw of the station.** なら「私は駅から石を投げた範囲内に住んでいる」から「駅からすぐ近くに住んでいます」ということになります。

Step 2 イラスト＆例文でマスター！

1 お金の「分離」

They robbed the tourists of their money.

彼らは旅行者たちからお金を奪った。

rob A of B で「A から B を奪う」。

2 武器の「分離」

The soldier was stripped of his weapons.

兵士は武器を奪われた。

strip A of B で「A から B を取り除く」。服や身に着けているものをはがすイメージ。

3 片頭痛の「分離」

The doctor cured me of my migraine headaches.

医者は私の片頭痛を治してくれた。

cure A of B で「A の B を治療する」。病気を取り除くイメージ。

4 雪の「分離」

They cleared the road of snow.

彼らは道路の除雪をした。

clear A of B で「A から B を取り除く」。片付けるイメージ。

Step 3　ofを使った熟語

☐ get rid of ~

動 ～を取り除く、～を処分する

It's time you got rid of these clothes.
そろそろこの服を処分するころです。

☐ be empty of ~

形 ～がない

The room is empty of furniture.
その部屋には家具がない。

☐ be independent of ~

形 ～から独立している

「～に頼る」はdepend on ~（p.70参照）。

She's independent of her parents.
彼女は両親から独り立ちしている。

☐ be free of ~

形（心配、負担などが）ない

This is free of tax.
これは無税です。

☐ wide of the mark

形 的外れの

What you said is wide of the mark.
あなたが言ったことは的外れです。

☐ dispose of ~

動 ～を処分する（処理する）

Why don't you dispose of these old clothes?
この古着を処分したらどう？

More Information

steal と rob の違いは？

①He stole my money.（彼は私のお金を盗んだ）

②He robbed me of my money.（彼は私からお金を奪った）

steal は人に気づかれずにこっそり「盗む」という意味で、目的語になるのは人ではなくものや事柄です。敵のレーダーから見えないように飛ぶ「ステルス戦闘機 (stealth fighter)」の stealth は「ひそかな行為」という意味で、steal の名詞形です。
一方、rob は語源的には「衣服をはぎ取る」ことで、目的語になるのは人や場所です。風呂上りに着る「バスローブ (bathrobe)」は「bath（風呂）+robe（衣服）」が語源です。

08

off

①分離

Step 1 イメージで覚える！

「分離」の off のスピード感が
強調されるイメージで。

一気に離れていくoff

「分離」を表す of は強調形として off に変化します。ロケットが Lift off!（発射！）と同時に一気に地上から離れ、やがて視界から消えていきます。この、ロケットが地上から離れる時のスピード感が off のコアイメージです。**a long way off** は空間の分離と考えれば「ずっと遠くに」、時間の分離と考えれば「ずっと先に」の意味になります。

Step 2 イラスト&例文でマスター！

1 馬からの「分離」

The jockey fell off the horse.

騎手が落馬した。

2 的からの「分離」

What you are saying is off the point.

あなたの言っていることは的外れです。

3 現在地からの「分離」

Our destination is a long way off.

私たちの目的地はずっと先です。

4 現在からの「分離」

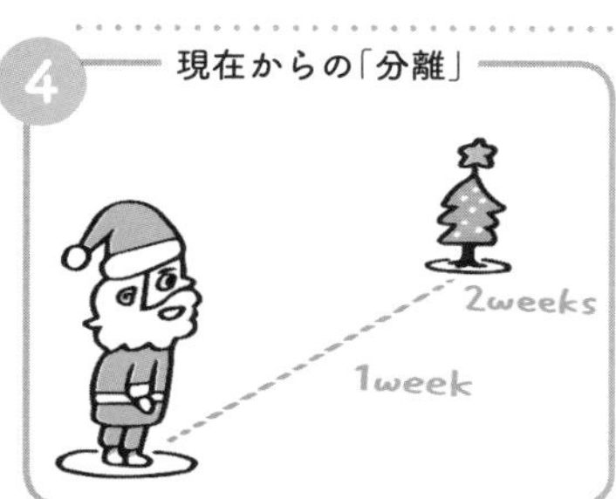

Christmas is still two weeks off.

クリスマスまでまだ2週間ある。

Step 3 offを使った熟語

☐get off (~)

動 (～から) 降りる

She got off (the train) at Tokyo Station.
彼女は東京駅で電車を降りた。

☐keep off (~)

動 (～に) 近寄らない、～に触れない

Keep off the grass.
芝生立入禁止。

☐drop off (~)

動 落ちる、取れる、～を降ろす

Drop me off at the next corner.
次の角で降ろしてください。

☐come off (~)

動 (～から) 取れる・外れる

The button came off when I put the shirt on.
シャツを着た時にボタンが外れた。

☐see ~ off

動 ～を見送る

We went to the airport to see him off.
私たちは空港に行って彼を見送った。

☐take off

動 離陸する

His plane took off on time.
彼の乗っている飛行機は時間通りに離陸した。

☐take off ~

動 ～を脱ぐ、～を取り除く

Take your shoes off before you come in.
入る前に靴を脱ぎなさい。

☐give off ~

動 （熱・光・においなど）を発する

This egg is giving off a bad smell.
この卵は臭いにおいを放っている。

☐cut off (~)

動 ～を切り離す・孤立させる、電話を切る

The village is cut off by snow.
その村は雪で孤立している。

☐show off (~)

動 ～を見せびらかす、ひけらかす

He wants to show off his new car.
彼は新しい車を見せびらかしたがっている。

☐break off (~)

動 ～をもぎ取る、（～を）急にやめる

He broke a branch off the tree.
彼は木から枝をもぎ取った。

☐blow off (~)

動 ～を吹き飛ばす

I had my hat blown off by the wind.
風で帽子を突き飛ばされた。

08

off

②停止・休止・分離

Step 1 イメージで覚える！

「活動」の分離から「休止」に。

活動や基準から「分離」する意味のoff

off は活動からの「分離」と考えれば「停止」や「休止」を表すことになります。日本語でも「オンとオフを切り替える」と表現しますが、「停止」「休止」の off に対して、「活動」は on です。Today is my day off. なら「今日は仕事が休み」です。

また、基準・標準からの「分離」の意味もあり、標準的な暮らし向きから外れていたら badly off（暮らし向きが悪い）、標準価格より 5 割安ければ、50% off（5 割引）です。

off はロケットの打ち上げの時のようなスピード感を暗示するので、「一気にする」とか「すっかりする」というように動詞の意味を強調することもできます。

Step 2 イラスト＆例文でマスター！

1 活動の「停止」

Today's game is off.

今日の試合は中止です。

2 電流の「停止」

All the lights were off when I got home.

帰宅した時、明かりが全部消えていた。

3 貧しさからの「分離」

He is better off than he used to be.

彼は昔よりも暮らし向きがいい。

better off（暮らし向きがいい）は well off の比較級。

4 飲むことを「停止」

He finished off his drink.

彼は一気に飲み干した。

Step 3　offを使った熟語

☐call off ~

動 ～を中止する

The game was called off because of the snow.
雪のために試合は中止になった。

☐put off ~

動 ～を延期する、（スイッチ）を切る・止める

Don't put off till tomorrow what you can do today.
今日できることは明日に延ばすな。

☐turn off (~)

動 ～を消す・止める、それる

Would you turn off the TV?
テレビを消してくれますか？

☐lay off ~

動 ～を一時解雇する

The company laid off 50 workers last month.
その会社は先月、50 人の労働者を一時解雇した。

☐doze off

動 うとうとする (= nod off)

He dozed off while watching TV.
彼はテレビを見ている間にうとうとした。

☐take a day off

動 1 日休みを取る

I'll take a day off tomorrow.
明日は休みます。

☐off duty

形 非番で

I'll be off duty tomorrow.
明日は非番です。

☐off guard

副 非番で、油断して

I was caught off guard by his question.
私は彼の質問に不意を突かれた。

☐rain on and off

rain off and onともいう。

動 雨が降ったりやんだりする

It's been raining on and off this week.
今週は雨が降ったりやんだりです。

☐be rained off

動 雨で中止になる

The baseball game was rained off.
野球の試合は雨で流れた。

☐pay off ~

動 ～を完済する

You have to pay off all your debts right now.
今すぐに借金を完済しなければいけません。

☐wipe A off B

動 BからAをふき取る

Wipe the mud off your shoes before you come in.
中に入る前に靴から泥をふき取りなさい。

08 off

③開始・出発

Step 1 イメージで覚える！

ボールをけって試合を開始。

出発や開始を表すoff

ロケットの発射 (lift off) や飛行機の離陸 (take off) は、外から見れば「分離」ですが、乗っている当事者たちにとっては「出発」でもあります。ここから off に「出発」や「開始」の意味が生まれます。サッカーやラグビーの試合開始はキックオフ (kickoff) です。別れ際のあいさつは、I'm off now.（じゃあ行くね）、I must be off now.（もう行かなくちゃ）。「私は今週ハワイへ発つ」は I'm off to Hawaii this week. です。

Step 2 イラスト&例文でマスター！

1 アラームの「開始」

The alarm didn't go off.

アラームが鳴らなかった。

銃が「発射される」、爆弾が「爆発する」も go off。

2 北海道へ「出発」

They set off for Hokkaido.

彼らは北海道に向かった。

They left for Hokkaido. でも同じ意味に。

3 飲むことを「開始」

Let's start off with beer.

とりあえずビールにしよう。

start off with ~ で「～ではじめる」。

4 手紙の「出発」

When did you send off the letter?

手紙はいつ発送しましたか？

09

with

①同時性・所持・所有・同調・一致

Step 1 イメージで覚える！

相性が良いもの同士が
空間を共有するイメージで。

空間を共有しているイメージのwith

with は「～と一緒に」の意味でよく知られていると思いますが、喫茶店に入って、「レモンティーお願いします」なら Tea with lemon, please. です。「ピアスをした少女」は a girl with pierced earrings、「金髪の少女」は a girl with blonde hair、「大きな庭つきの家」は a house with a big garden です。
これらは「所持」や「所有」の意味ですが、with は同じ空間を共有しているという「同時性」**がコアイメージです。相性の良いもの同士が空間を共有していれば「同調」や「一致」です。**

Step 2 イラスト＆例文でマスター！

1 傘を「所持」

Take an umbrella with you.

傘を持って行きなさい。

2 お金を「所持」

I have no money with me.

手持ちのお金がない。

接触を表す on を使って、I have no money on me. でも同じ意味に。

3 意見の「一致」

I'm with you there.

その点は私はあなたと同意見です。

4 問いかけに「同調」

"Are you with me so far?"
"Yes I'm with you."

「ここまでは理解できていますか？」
「はい、大丈夫です」

with me / you は「一緒について来ていますか？」が本来の意味。そこから転じて「理解する」に。

Step 3　withを使った熟語

☐agree with ~

人や人の意見などに同意する場合に使う表現。提案や計画などに同意する場合はagree to ~（p.99参照）。

動 ～に賛成する

I agree with you on this point.
この点に関してはあなたに賛成です。

☐go with ~

動 ～と合う、～と調和する

White wine goes well with fish.
白ワインは魚によく合う。

☐mix with ~

動 ～と混ざる、（否定文で）～に合わない

Oil doesn't mix with water.
油は水と混ざらない。

☐sympathize with ~

動 ～に同情する

I really sympathize with you.
本当にあなたに同情します。

☐cooperate with ~

動 ～に協力する

You need to cooperate with each other.
あなたたちはお互いに協力し合うことが必要です。

☐combine A with B

動 AとBを混ぜる、AとBを結合させる

Combine the eggs with the flour.
卵と小麦粉を混ぜてください。

☐collaborate with ~

動 ～と共同して働く、～に協力する

I'll collaborate with you on this project.
この企画に関してあなたに協力します。

☐comply with ~

動 ～に応じる、～に従う

I complied with their request.
彼らの依頼に応じました。

☐shake hands with ~

動 ～を握手する

I firmly shook hands with him.
私は彼と固い握手を交わした。

☐make friends with ~

動 ～と仲良くなる

I soon made friends with her.
私はすぐに彼女と仲良くなった。

☐associate A with B

動 AでBを連想させる

What do you associate London with?
あなたはロンドンで何を連想しますか？

☐correspond with ~

動 ～に合う、～に一致する

His actions always correspond with his words.
彼の言行は常に一致している。

☑be acquainted with ~

形 ～と知り合いだ、～に通じている

Are you acquainted with my father?
父とお知り合いですか？

☑be familiar with ~

形 ～をよく知っている

I'm not familiar with the music of Mozart.
（モーツァルトのことは知っているが）彼の音楽は詳しくわかりません。

☑share A with B

動 AをBとわけ合う（共有する）

I share this room with my sister.
私はこの部屋を姉と一緒に使っています。

☑meet with ~

動 ～を経験する、（非難や称賛）を受ける、～と会見する

The Prime Minister is to meet with the President next week.
来週、首相は大統領と会見の予定です。

☑coincide with ~

動 ～と一致する、～と同時に起こる

The incident coincided with my birthday.
その事件は私の誕生日と同じ日に起きた。

☑go ahead with ~

動 ～を続ける

Let's go ahead with the meeting.
会議を続けましょう。

☐communicate with ~

動 ～と通じ合う、～と理解し合う

We communicate with each other in English.
私たちはお互いに英語で理解し合っています。

☐hand in hand with ~

副 ～と手を携えて

I saw him walking hand in hand with a young woman.
彼が若い女性と手に手を取って歩いているのを見た。

☐in accordance with ~

前 ～に従って、～に応じて

Act in accordance with the rules.
規則に従って行動しなさい。

☐in harmony with ~

前 ～と調和して

Their culture is in harmony with nature.
彼らの文化は自然と調和している。

☐get in touch with ~

動 ～と連絡を取る

I'll get in touch with you tomorrow.
明日連絡します。

☐keep pace with ~

動 ～に遅れずについていく

I can't keep pace with Tom.
トムにはついていけません。

09

with

②原因・手段・状況

Step 1 イメージで覚える！

ナイフという「道具」を持っている状態で。

道具や手段、状況を表すwith

with the lights on（電気をつけたまま）や、**with your mouth full**（口にものを入れて）などの付帯状況の with も空間の同時性です。

「ナイフを持った泥棒」は a thief with a knife ですが、「ナイフで少女を脅迫する」なら、**threaten the girl with a knife** で、この場合の **with** は脅迫するための「道具」や「手段」となります。

また、「勇気をもって戦う (fight with courage)」のように、「with＋抽象名詞」で、その時の状況を表すこともできます。

Step 2 イラスト＆例文でマスター！

1 目を閉じた「状況」

He was sitting with his eyes closed.

彼は目を閉じて座っていた。

「腕を組んで」は with his arms crossed。

2 テレビがついた「状況」が「原因」

I can't concentrate with the TV on.

テレビがついているので集中できない。

3 熱が出た「状況」が「原因」

He's in bed with a fever.

彼は熱で寝込んでいる。

4 ペンという「手段」で

Write your name with a pen.

ペンで名前を書きなさい。

in pen との違いは p.175 でチェック！

☐be happy with ~

形 ～に喜んでいる

He's happy with the results of the exam.
彼は試験の結果に喜んでいる。

☐be satisfied with ~

形 ～に満足している

Are you satisfied with your new apartment?
新しいアパートに満足していますか？

☐be pleased with ~

形 ～が気に入っている

I'm pleased with my new job.
私は新しい仕事が気に入っている。

☐be busy with ~

形 ～で忙しい

I'm busy with my writing.
私は執筆で忙しい。

☐be crowded with ~

形 ～で混雑している

This place is crowded with skiers in winter.
この場所は冬になるとスキー客で混雑する。

☐be covered with ~

動 ～で覆われている

The top of the mountain is covered with snow.
山頂は雪で覆われている。

☐be filled with ~

形 ～でいっぱいの

The room is filled with the smell of flowers.
部屋は花のにおいでいっぱいです。

☐provide A with B

動 A に B を供給する（提供する）

Cows provide us with milk.
牛は私たちに牛乳を供給する。

☐with a view to ~ing

副 ～するために、～することを目ざして

He went to London with a view to studying English.
彼は英語を勉強するためにロンドンに行った。

☐furnish A with B

動 A に B を備えつける (= equip)、A に B を与える

They furnished the living room with items from Scandinavia.
リビングルームはスカンジナビアの家具で揃えた。

☐equip A with B

動 A に B を備えつける

This submarine is equipped with missiles.
この潜水艦はミサイルが装備されている。

☐present A with B

動 A に B を贈呈する

The governor presented him with a gold watch.
知事は彼に金の時計を贈呈した。

Step 3 withを使った熟語

☑with care

副 注意して（= carefully）

Cross the street with care.
注意して通りを渡りなさい。

☑with ease

副 簡単に（= easily）

She solved the problem with ease.
彼女は簡単にその問題を解いた。

☑with difficulty

「苦もなく」ならwithout difficulty。

副 苦労して

She found the parking space with difficulty.
彼女は苦労して駐車場を見つけた。

☑with pleasure

副 喜んで

"Could you help me?" "Yes, with pleasure."
「手伝っていただけますか？」「はい、喜んで」

More Information

talk to ~とtalk with ~の違いは？

「～と話をする」の talk with ~ は、お互いが向かい合っているイメージなのに対して、talk to ~ は話し手が聞き手に向かって一方的に話しかけるイメージが基本です。ただし、I talked to my doctor about my health.（医師と健康のことを相談した）のように使うこともできます。

More Information

with a penとin penの違いは？
「彼はペンで名前を書いた」
①He wrote his name with a pen.
②He wrote his name in pen.

日本語で「ペンで」と言えば、どちらも手段を表しますが、厳密に言えば、①は道具、②は手段です。①の a pen は、数えられる名詞であることを示し、具体的な形をイメージできるものです。つまり、①の文から、万年筆やボールペンを手に持って名前を書いている様子がイメージできます。
一方、②の無冠詞の pen は数えられない名詞であることを示し、具体的な形をイメージできないもので、インクを使って字を書くものという抽象的な概念のみを表します。つまり、②の文は消すことができないインクを使って名前を書いたことに焦点が当てられています。
同様に、「彼は鉛筆で名前を書いた」も、① **He wrote his name with a pencil.** は「彼は鉛筆という道具で名前を書いた」こと、② **He wrote his name in pencil.** は「彼は消すことができるように鉛筆で名前を書いた」ことになります。

09

with

③対象・対立・敵対

Step 1 イメージで覚える！

同じ空間を共有する者同士が
敵対関係に。

対象を示す、対立・敵対のwith

「～と一緒に」のイメージが強い with ですが、語源的には、「対立」や「敵対」が本来の意味です。**fight with America** は「アメリカと一緒に戦う」ではなく、「アメリカを相手に戦う」です。同様に、**have a fight with a friend** も「友人とけんかをする」です。

対立や敵対は双方が向かい合っているイメージですが、矢印が一方的になると「対象」の意味になります。**What's wrong with you?** なら「どこか具合が悪いのですか？」と問題の対象を伺う質問文になります。

Step 2 イラスト&例文でマスター！

1 妻と「敵対」

I had a quarrel with my wife last night.

昨夜、妻と口げんかをした。

2 問題の「対象」

He has trouble with his heart.

彼は心臓が悪い。

have trouble with ~ で「～に問題がある」。

3 怒りの「対象」

I'm angry with you.

私はあなたに腹を立てている。

4 問題の「対象」

There's something wrong with the computer.

コンピュータは故障している。

Something is wrong with the computer. でも同じ意味に。

Step 3 withを使った熟語

☑be strict with ~

形 ～に厳しい

He's very strict with his children.
彼は自分の子どもたちにはとても厳しい。

☑do with ~

動 ～を扱う、～を処理する

What did you do with the leftovers?
残り物はどうしましたか？

☑help A with B

動 AのBを手伝う

Can you help me with my homework?
宿題を手伝ってくれますか？

☑to start with

副 まずはじめに (= to begin with)

To start with, let me explain my proposal.
まずはじめに、私の提案の説明をさせてください。

☑part with ~

動 ～を手放す

I don't want to part with this watch.
私はこの時計は手放したくない。

☑compete with ~

動 ～と競争する

I competed with Joe for the prize.
私はその賞品を求めてジョーと競争した。

☐ deal with ~

動 ～を扱う

She's difficult to deal with.
彼女は扱いにくい人だ。

☐ find fault with ~

動 ～を非難する

He's always finding fault with others.
彼はいつも他人の非難ばかりしている。

☐ compare A with B

動 AをBと比較する

My parents always compare me with my brother.
両親はいつも私を弟と比較する。

☐ be faced with ~

動 ～に直面している

He's faced with a difficult situation.
彼は困難な状況に直面している。

☐ interfere with ~

動 ～を妨げる、～の邪魔をする

Those trees interfere with the view of the sea.
あの木が海の景色をさえぎっている。

☐ with all ~

前 ～にもかかわらず

With all her riches, she is still not happy.
彼女は財産はあるが、それでも幸せではない。

⑩ by

①接近・そばに

Step 1　イメージで覚える！

by the lake は湖が
見えるほど「そば」に。

接近するほどの「近く」をさすby

本道に並行して走る道路は **bypass**（バイパス）、「脇道」は **byway** というように、by のコアイメージは「そばに」です。**near**（近くに）よりも接近した感じが強く、**He lives near the lake.**（彼は湖の近くに住んでいる）は湖が見えない所を暗示するのに対して、He lives by the lake. は「彼は湖が見える所に住んでいる」という違いがあります。また、左右に焦点がある **beside**（そばに）に比べて、前後・左右を含めて漠然と近いことに焦点があります。**in** や **on**、**around** との違いは **p.72** のイラストで確認してください。

Step 2 イラスト＆例文でマスター！

1 ドアの「そばに」

There's a cat sitting by the door.

ドアのそばにネコが座っている。

by the door は、漠然と座っているイメージ。at the door なら何かをしていることを暗示。

2 道路の「そばに」

He parked his car by the side of the road.

彼は道路わきに車を停めた。

3 私の「そばに」

Come and sit by me.

こちらに来て私のそばに座って。

「私の横に」を強調したければ beside me。

4 トムの「そばに」

The window was broken by Tom.

窓はトムに壊された。

受動態の文で使う by も、壊れた窓のそばにトムがいるイメージで捉えることができる。

Step 3 byを使った熟語

☐pass by

動 （そばを）通り過ぎる、（時が）過ぎ去る

We all waved as he passed by.
彼が通り過ぎた時、私たちは皆手を振った。

☐stand by ~

動 ～に味方する、～のそばに立つ

I'll stand by you no matter what happens.
どんなことがあっても私はあなたの味方です。

☐come by ~

動 ～を手に入れる

How did you come by this picture?
どうやってこの絵を手に入れたのですか？

☐go by (~)

動 （～のそば）を通り過ぎる、（年月が）経つ

Things will get better as time goes by.
時が経つにつれて事態は良くなるだろう。

☐drop by (~)

動 （～に）ちょっと立ち寄る

He dropped by at the bar on his way home.
帰宅途中、彼はバーにちょっと立ち寄った。

☐by the way

副 ところで

By the way, aren't you hungry?
ところで、お腹空いてない？

More Information

by a branchとwith a branchの違いは？
「車が枝で傷つけられた」
①The car was damaged by a branch.
②The car was damaged with a branch.

両方とも受動態の文で「車が枝で傷つけられた」ことを伝えていますが、①は能動態の文に変換すると **A branch damaged the car.** となり、車を傷つけた主体は枝で「枝が車を傷つけた」ことになります。つまり、強風で木が倒れた結果、枝で車に傷がついたと考えることができます。一方、②は能動態の文に変換すると **Someone damaged the car with a branch.** となり「誰かが枝で車を傷つけた」ことになります。**with** は「道具」を表しています。

⑩

by

②期限・
〜までに

Step 1 イメージで覚える！

by 3 o'clock は
時間が 3 時のそば「までに」。

時間が接近するイメージの、期限を表すby

時間的な「接近」も by で、by 3 o'clock なら、3 時に近づくイメージから「3 時までに」の意味になります。**I'll be here by 3 o'clock.（3 時までにここに来ます）**に対して、**I'll be here until (= till) 3 o'clock.** は「3 時までここにいます」です。**by** が、その時までの「期限」を表すのに対して、**until** は、その時までの「継続」という違いがあります。

Step 2 イラスト&例文でマスター!

1 今に至る「までに」

She should have arrived by now.

彼女は今ごろは到着しているはずだ。

2 昼(夜)が終わる「までに」

Some people sleep by day and work by night.

昼間は寝て夜に働く人がいます。

3 日暮れ「までに」

They went home by nightfall.

彼らは明るいうちに帰宅した。

4 家に着く時「までに」

Dinner will be ready by the time I get home.

家に着くまでには夕食の用意はできているでしょう。

by the time SV ~ で「~する時までには」。

⑩

by

③手段・方法（1）

Step 1 イメージで覚える！

近くまで接近するための手段。

交通手段や通信手段を伝えるby

交通機関を利用して、ある場所に「接近」するのも **by** で表します。「自動車でここに来ました」なら **I got here by car.** です。A by B は、B（車）が A（ここ）に近寄って、私がここに到着する結果に至ることから、B は A の状態に至るまでの「手段」「方法」と考えることができます。**by car** と無冠詞で表すのは、「車」が目に見える具体的な形をイメージしたものではなく、「交通手段」という抽象的な概念を表しているので、「**by+** 無冠詞の名詞」で表されます。by letter（手紙で）のように、通信手段を表すのも同じです。

Step 2 イラスト&例文でマスター！

1 タクシーという交通「手段」で

I got here by taxi.

ここまでタクシーで来ました。

2 電話という通信「手段」で

I got in touch with her by phone.

私は彼女と電話で連絡を取りました。

More Information

交通手段を表すbyとinはどう使いわける？

乗降り自由なバスや列車など公共の交通手段の場合は by bus / by train の他に、on the bus / on the train ということもできます。ただし、これは床に足をつけて立っているイメージ。
一方、車やタクシーなど運転に何らかの形で関わるような場合は、in a car / in a taxi（車で / タクシーで）です。

交通手段＝ by bus（バスで）、by train（列車で）、
by bicycle（自転車で）、by plane（飛行機で）
通信手段＝ by e-mail（メールで）、by fax（ファックスで）

Step 3 byを使った熟語

☐ by means of ~

前 ～によって、～を用いて

We express our thoughts by means of language.
私たちは言語によって思想を表現する。

☐ by all means

副 ぜひ、どうぞ

"Can I borrow your phone?" "By all means."
「電話をお借りできますか？」「どうぞ」

☐ by no means

副 決して～でない

He is by no means a sociable person.
彼は決して社交的な人ではない。

☐ by oneself

副 1人で、独力で

He repaired the car by himself.
彼は車を1人で修理した。

☐ by heart

副 暗記して、そらで

I have to learn all these lines by heart.
これらのセリフを全部暗記しなければならない。

☐ by hand

副 （機械でなく）手で、（印刷でなく）手書きで

These toys are all made by hand.
このおもちゃは全部手作りです。

☑by force

副 力ずくで

He opened the door by force.
彼は力ずくでドアを開けた。

☑by virtue of ~

前 ～によって、～のおかげで

He became a US citizen by virtue of his marriage.
彼は結婚によってアメリカ国民となった。

☑take ~ by surprise

動 ～を不意に襲う、～を不意を突いて驚かす

His sudden resignation took us by surprise.
彼の突然の辞任は私たちを驚かせた。

☑by sea

副 海路で

They like traveling by sea.
彼らは海路の旅が好きだ。

☑by land

副 陸路で

They continued their journey by land.
彼らは陸路の旅を続けた。

☑by air

副 空路で、飛行機で

The goods will be sent by air.
商品は空輸されます。

⑩

by

④手段・方法
（2）

Step 1 イメージで覚える！

クレジットカードという「手段」
「媒体」で支払うから by。

支払いなどの「手段」「方法」も by

「手段」や「方法」を尋ねる時に使う疑問詞の how に対しては by で応じると考えればわかりやすいでしょう。「ここにはどうやって来ましたか」に対して、By bus.（バスで）です。同様に、「お支払いはどうされますか」に対する答えも、By credit card.（カードで）ですが、「現金で」の場合は、With cash. となるので要注意です。
商品の売り方も by the kilo（キロ単位で）、雇い方も by the hour（時間単位で）です。

Step 2 イラスト&例文でマスター！

1 バスという交通「手段」で

"How did you get to the airport?"
"By monorail."

「空港へどうやって行きましたか？」
「モノレールで来ました」

2 クレジットカードという支払い「方法」で

"How would you like to pay?"
"By credit card, please."

「お支払いはどうなさいますか？」
「クレジットカードでお願いします」

3 月払いという「方法」で

"How are you paid?"
"By the month."

「どのような支払い方法で雇用されていますか？」
「月単位で支払われています」

4 留学という「手段」で

"How did you learn English?"
"By studying abroad."

「英語はどのように学びましたか？」
「留学して学びました」

⑩

by

⑤程度・差

Step 1　イメージで覚える！

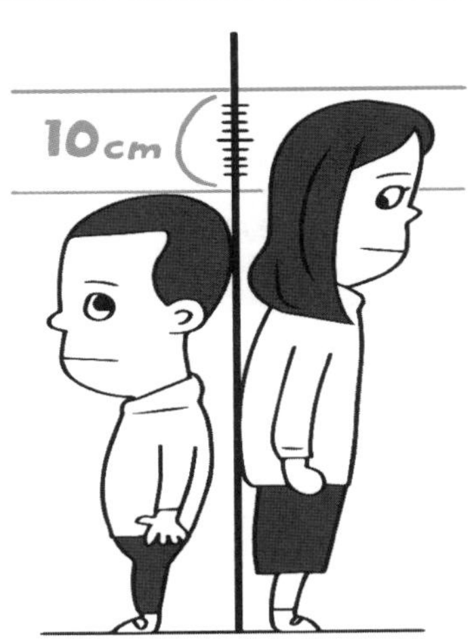

接近するまでの10センチの「差」。

程度の違いや差を示すby

疑問詞の how は、How tall are you?（身長はどれくらいですか？）や How old are you?（年齢はいくつですか？）のように、背丈や年齢の程度を尋ねることもあります。これに対して、「私は弟より10センチ背が高い」は I'm taller than my brother by ten centimeters. となり、「私は妹より2歳年上です」は I'm older than my sister by two years. となります。ただし、これは文法的なにおいのする表現で、ネイティブは I'm 10 centimeters taller than my brother. や I'm two years older than my sister. のように言うのが自然な表現です。

Step 2 イラスト&例文でマスター!

1 鼻の「差」で

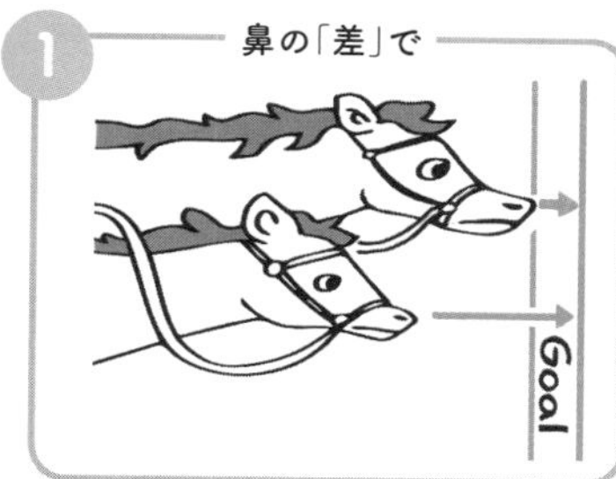

The horse won **by a nose.**

その馬は鼻の差で勝った。

The horse lost by a head. なら「その馬は首の差で負けた」。

2 2分の「差」で

I missed the train **by two minutes.**

2分差で列車に乗り遅れた。

3 かなりの「差」で

This is better **by far.**

こっちの方がはるかに良い。

by far は、This is by far the best of all.(これは全ての中でとび抜けて最良だ)のように、最上級でも使う。

4 1マイルの「差」で

He beat me **by a mile.**

彼は大差をつけて私に勝った。

by a mile で「大差で、群を抜いて」。by miles でも同じ意味に。

⑩

by

⑥程度・隔たり

Step 1 イメージで覚える！

10に5つの隔たりを作ると2。

区別や分類を表すby

「程度」や「差」は「隔たり」と考えることもできます。1つひとつに隔たりを作るとone by one（1つずつ）になりますが、10に5つの隔たりを作ると2になります。つまり、「10 ÷ 5 = 2」は、Ten divided by five is two.です。この隔たりのイメージから「区分」や「分類」の意味が生まれます。職業も、手を使った技術的な職業 (trade) から知的な能力を必要とする職業 (profession) などさまざまな区わけの仕事があり、これらの職業を表す語にもbyが使われます。

Step 2　イラスト&例文でマスター！

1つひとつの「隔たり」

Answer the following questions one by one.

1つずつ次の質問に答えなさい。

3に4つの「隔たり」

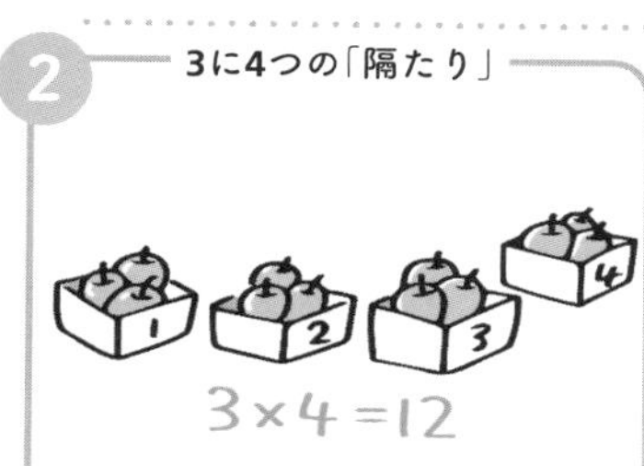

Multiply 3 by 4.

3を4でかけなさい。

職人仕事の
「隔たり（区わけ）」

He's a carpenter by trade.

彼の職業は大工です。

専門職の
「隔たり（区わけ）」

She's a lawyer by profession.

彼女の職業は弁護士です。

Step 3　byを使った熟語

☐by the skin of one's teeth

副 辛うじて、やっとのことで

She escaped by the skin of her teeth.
彼女は辛うじて逃げた。

☐by a hair's breadth

副 僅差で

Our team won by a hair's breadth.
私たちのチームは僅差で勝った。

☐step by step

副 一歩ずつ、着実に

Walk slowly step by step.
一歩ずつゆっくり歩きなさい。

☐little by little

副 徐々に

Little by little, your English is getting better.
あなたの英語は徐々にうまくなってきている。

☐inch by inch

副 少しずつ

They climbed inch by inch up to the top of the cliff.
彼らは絶壁の頂上まで少しずつ登って行った。

☐by degrees

副 徐々に

The economy is improving by degrees.
景気は徐々に改善している。

☐by inches

副 少しずつ、辛うじて

The bullet missed him by inches.
弾丸は辛うじて彼に当たらなかった。

☐by the day

副 日ごとに、1日単位で

It's getting warmer by the day.
日ごとに暖かくなってきた。

☐by nature

副 生まれつき

She's generous by nature.
彼女は生まれつき寛容だ。

☐by birth

副 生まれは

She's American by birth, but lives in Japan.
彼女は生まれはアメリカだが日本に住んでいる。

☐by name

副 名前は

I only know him by name.
彼は名前だけ知っている。

☐by sight

副 顔は

I know him by sight, but we've never met.
彼は顔を知っているけれど会ったことはない。

⑩

by

⑦経路・経由

Step 1 イメージで覚える！

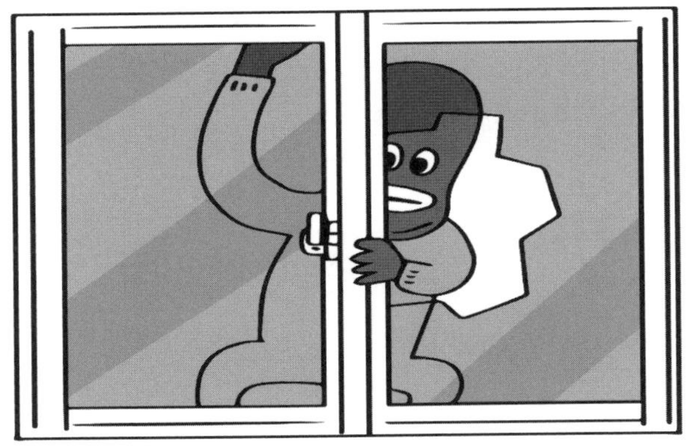

窓を「経路」にして
接近するイメージで。

通り道も「手段」と捉える「経路」「経由」のby

「手段」や「経緯」は個人の意志で変えることができますが、**How did you meet her?**（彼女にどのように出会いましたか？）に対して、**I met her by chance.**（偶然に出会った）と答えるように、意志で変えることができないものもあります。
また、How did the thief break into the house?（泥棒はどのように侵入しましたか？）に対して、**By smashing the window.** と応ずれば、「窓を割って」中に入ったことになり、この場合の by は「手段」とも「経路」ともとることができます。

Step 2 イラスト&例文でマスター！

1 腕を「経由」して

He caught me by the arm.

彼は私の腕をつかんだ。

catch 人 by the arm で「人の腕をつかむ」。

2 ハワイを「経由」して

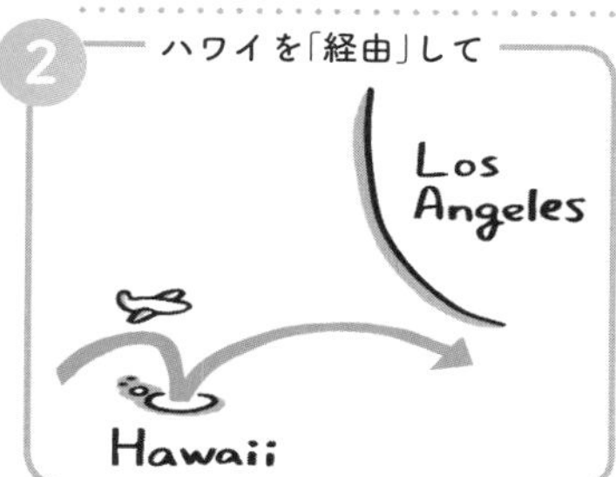

He flew to Los Angeles by way of Hawaii.

彼はハワイ経由でロスに飛んだ。

3 間違いを「経由」して

He locked himself out by mistake.

彼は誤ってカギを部屋に入れて出てしまった。

4 事故を「経由」して

I dropped the vase by accident.

私は誤って花瓶を落としてしまった。

More Information

take him by the handとtake his handの違いは？
「彼女は彼の手を取った」
①She took him by the hand.
②She took his hand.

辞書や文法書を見ると、両者の違いは①は人 (him) に、②は彼の手 (his hand) に焦点がある、といった類の説明がされていますが、これだけではよくわかりません。
実は、①の She took him by the hand.（彼女は彼の手を取った）の by は「経由」と考えることができます。この文は、動こうとする彼を阻止するために彼女がとっさにとった行動を表しています。彼の行動を止めるためなら手に限らず腕でも脚でも肩でもよく、重要なのは彼を止めたこと、彼の手を通して彼の行動をおさえたことになります。足を滑らせた彼が転ばないように、彼の手を取って助けるようなシーンを思い浮かべるとわかりやすいでしょう。
一方、②の She took his hand.（彼女は彼の手を取った）は、単に彼の手を取ること自体が目的なので、この文だけでは伝える内容が不十分です。手を取る目的を She took his hand to read his palm.（彼女は彼の手を取って手相を見た）のように示すのが自然な表現です。

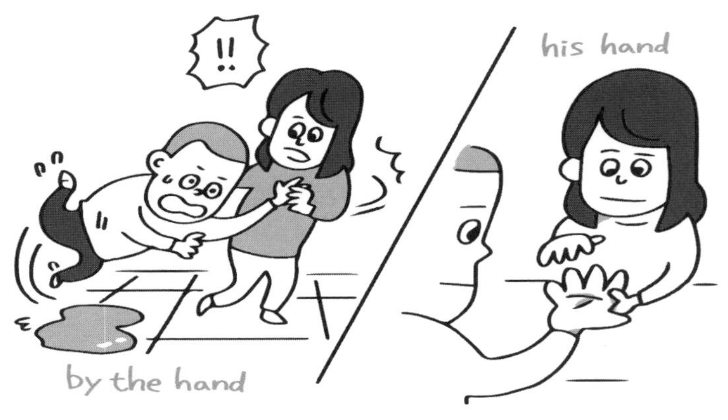

More Information

by car とby a carの違いは？
①I got here by car.（私は車でここに来た）
②I got hit by a car.（私は車にひかれた）

冠詞のありなしの違いは、具体的なものか抽象的なものかです。名詞に不定冠詞の a や an をつけると、目に見える具体的なものや形を持ったものを表し、無冠詞は目に見えない抽象的なものを表します。
つまり、①の by car は「車」という「移動手段」でここに来たという概念的な「車」のことを表し、②の by a car は具体的な形を持った「車」にひかれたことになるわけです。

⑪

about

①周辺・関連

Step 1　イメージで覚える！

何かの周辺をぼんやりと囲むイメージで。

数字や時間、空間の「周辺」「関連」を示すabout

about は「～について」という意味で最も知られていますが、何かに接近して、周辺をフワフワ・ぼんやりと囲むようなニュアンスがコアイメージです。think about ~ は、あることについてさまざまな角度から考えることです。
そのため、数字や時間の周辺ならば「およそ」「約」などの意味に、空間的な周辺なら、ある空間を含めた周辺のイメージから「あちこちに」の意味になります。

Step 2 イラスト＆例文でマスター！

She's about fifty.

彼女は 50 歳くらいだ。

It's about time for lunch.

そろそろ昼食の時間だ。

The rock is about to fall.

その岩は今にも落ちそうだ。

be about to ~（動詞の原形）で「今にも～しそうだ」。

There's something noble about her.

彼女にはどことなく気品がある。

Step 3　aboutを使った熟語

☐think about ~

動 ～について考える

What do you think about his proposal?
彼の提案についてどう思いますか？

☐come about

動 起こる、生じる

I wonder how the accident came about.
どうしてその事故は起きたのだろう。

☐bring about ~

動 ～を引き起こす、～をもたらす

His carelessness brought about this car accident.
彼の不注意でこの自動車事故が起きた。

☐go about (~)

動 ～に取り組む、広まる

I don't know how I should go about it.
それに対してどう取り組んでいいかわからない。

☐set about ~

動 ～に取り掛かる

He set about the work immediately.
彼は直ちにその仕事に取り掛かった。

☐worry about ~

動 ～のことを心配する

Don't worry about such a little thing.
そんな小さなことを心配しないで。

☐ be anxious about ~

形 ～を心配して

She is anxious about her daughter.
彼女は娘のことを心配している。

☐ be particular about ~

形 ～にうるさい

He is particular about wine.
彼はワインにはうるさい

☐ complain about ~

動 ～のことに文句を言う

He's always complaining about something.
彼はいつも何か文句ばかり言っている。

☐ be crazy about ~

形 ～に熱中している、～に夢中だ

He's crazy about skateboarding.
彼はスケートボードに夢中だ。

☐ boast about ~

動 ～のことを自慢する

He's always boasting about his daughter.
彼はいつも娘の自慢ばかりしている。

☐ be concerned about ~

形 ～を心配して

My mother is concerned about my health.
母は私の健康のことを心配している。

More Information

be going to ~とbe about to ~の違いは？

どちらも「今にも～しそうな」という意味ですが、**be going to ~**（動詞の原形）は、「～する方向に行っている」が原義で、「意思」や「未来」を表します。**It's going to rain tomorrow.**（明日は雨が降りそうだ）のように、天気予報で高い確率で雨の予報が出るなど、何らかの兆候に基づく主観的な判断を表します。そのため、未来の副詞とともに使われます。
一方、**be about to ~**（動詞の原形）は「～する周辺にある」が原義で、客観的な描写に使うことが多く、**be going to ~**よりも差し迫った未来を表し、未来を表す副詞を使いません。

More Information

a book about animalsとa book on animalsの違いは？

どちらも「動物に関する本」という意味ですが、**a book about animals** は動物を取り巻くさまざまな周辺情報にスポットライトを当てた本で、時には動物の話からそれた関連事項について書かれた本です。一方、**a book on animals** は「接触」が **on** のコアイメージであるように、常に動物の話題から離れない動物の「専門書」や「研究書」というニュアンスです。

about animals

⑫

around

①周囲・周辺

Step 1 イメージで覚える！

特定の周辺をグルリと
回るイメージで。

場所や時間の「周囲」「周辺」を示すaround

湖を走って一周する (run around the lake) や湖を船で一周する (sail around the lake) のように、around は、ある空間を含めた周辺をグルリと回るがコアイメージです。

live around here（この辺りに住む）のように、動きだけではなく、周りに位置している状態を表すこともできます。動きを表す動詞と一緒に使うと、travel around Japan（日本一周旅行をする）のように、「あちこちに」という「分散」を表すこともあります。

It's around 5 o'clock.（今 5 時ごろです）のように、時間や数字の周辺と考えれば、about と同様に「約」「およそ」の意味です。イギリス英語では前置詞の時は round が使われる傾向があります。

Step 2 イラスト＆例文でマスター！

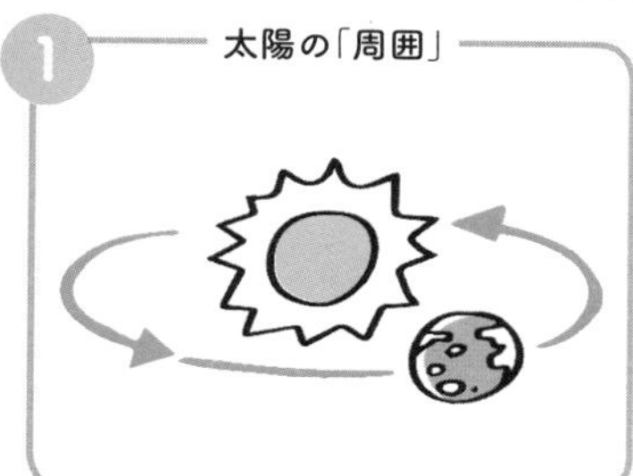

The earth moves around the sun.

地球は太陽の周りを回る。

The coffee shop is just around the corner.

その喫茶店は角を曲がってすぐの所にあります。

We drove around the lake to the village.

私たちは湖を回って向こう側の村に車で行った。

in the lake / on the lake / by the lake のイメージの違いは p.72 のイラストでチェック！

I want to travel around the world.

世界中を旅して回りたい。

Step 3 aroundを使った熟語

☑go around (~)

動 広がる、行き渡る、動き回る、〜を回る

Is there enough chocolate to go around?
皆に行き渡る分のチョコレートはありますか？

☑get around (~)

動 〜をうまく逃れる、動き回る

How did you get around the problem?
その問題をどうやって回避しましたか？

☑look around

動 見回す、（〜を）見物して回る

Let's look around the castle.
城を見物して回ろう。

☑show ~ around

動 〜を案内する

When you come to Tokyo, I'll show you around.
東京に来たら案内します。

☑turn around

動 グルリと向きを変える、回転する

Turn around and let me look at your back.
向きを変えて背中を見せて。

☑around the corner

形 角を曲がった所に、すぐ間近に

Spring is just around the corner.
春はもうすぐそこまで来ています。

☑the other way around

副 逆に

Please turn it the other way around.
逆に回してください。

☑all year around

副 1年中

In this garden, you can see many kinds of flowers all year around.
この庭では1年中たくさんの種類の花を見ることができます。

More Information

It's about 5 o'clock.と
It's around 5 o'clock.の違いは?

両方とも5時前後の時刻であるという点では同じですが、about しか使えない場合があります。例えば、何かの作業をしている時に時間が気になったとしましょう。その場合の「今何時ですか?」という問いかけに対しては、It's around 5 o'clock. ではなく、It's about 5 o'clock. と言います。これは、時間は進行しているため、「接近」の意味を持つ about で「5時に向かっている」というニュアンスになるからです。この場合の「もうすぐ」は「もうすぐ5時になります (It's almost 5 o'clock.)」の意味になります。
両方とも「5時前後の時刻である」という点では同じですが、このような微妙なニュアンスの違いがあります。ネイティブは「about」の方をより一般的に使っているようです。
また、「もうすぐ昼食の時間ですよ」の「もうすぐ」も around ではなく about を使い、It's about time for lunch. と言います。

⑬

into

①中へ・追求

Step 1　イメージで覚える！

in（内部）＋ to（到達）＝ into で
空間の中へ入り込むイメージで。

「中へ」入って「追求」するinto

「内部、内側」の in と「方向、到達点」の to の合成語が into ですが、トラがおりに飛び込む (jump into the cage) ような、外から空間の内部へ入り込むまでの一連の動きがコアイメージです。**work late into the night**（夜遅くまで働く）のように、時間的なものや抽象的なものの状態への動きも表すことができます。
ブタや犬が土を掘り起こして、中に埋まっているトリュフを探し出す行為も into のイメージにピッタリです。ここから何かを求めて徹底的に「追求」する意味が生まれます。

Step 2 イラスト&例文でマスター！

1 教会の「中へ」

I saw him go into the church.

彼が教会に入るのを見た。

2 50代の「中へ」

He's into his fifties.

彼は 50 代に入っている。

3 ゴルフの楽しみの「中へ」

He's into golf these days.

彼は最近、ゴルフにはまっている。

4 眠りの「中へ」

She fell into a deep sleep.

彼女は深い眠りに落ちた。

Step 3 intoを使った熟語

☑go into ~

動 ～の中に入る、（職業などに）入る・はじめる、～を調査する

I'm thinking of going into business.
事業をはじめようと思っています。

☑come into one's mind

動 ～の心にふと浮かぶ

A nice idea came into my mind.
すばらしい考えが頭をよぎった。

☑look into ~

動 ～をのぞき込む、～を調査する（= inquire into ~）

The police are looking into the cause of the accident.
警察は事故の原因を調査している。

☑inquire into ~

動 ～を調査する

He inquired into the case.
彼はその事件を調査した。

☑go into detail

動 詳しく述べる

I'm sorry I can't go into detail now.
すみませんが今は詳しく言えません。

☑get into ~

動 ～に入り込む、～に乗り込む、～にはまる

I got into a taxi in front of the station.
駅前でタクシーに乗り込んだ。

☐get into trouble

動 面倒なことになる、ごたごたを起こす

He's always getting into trouble at school.
彼はいつも学校でごたごたを起こしている。

☐run into ~

動 ～にぶつかる、～に偶然出会う

I ran into an old friend of mine in Paris.
パリで旧友に会った。

☐bump into ~

動 ～にぶつかる、～にばったり会う

I bumped into Susie on the train this morning.
今朝電車でスージーにばったり会った。

☐break into ~

動 ～に押し入る

The thieves broke into a jewelry shop.
泥棒は宝石店に押し入った。

☐take ~ into account

動 ～を考慮に入れる

You need to take these figures into account.
これらの数字を考慮に入れる必要がある。

☐enter into ~

動 （交渉、議論）に入る・始める、～を結ぶ

We entered into a contract with a consulting firm.
コンサルティング会社と契約を結んだ。

⑬

into

②中へ・変化

Step 1 イメージで覚える！

壁の中に車が入り込むことで
壁に「変化」をもたらすイメージで。

「中へ」入り込んでもたらす「変化」のinto

車が壁に激突して壁の中に入り込む動作も The car crashed into the wall. のように表すことができます。この文からは対象物の壁に大きな「変化」を起こすことになります。ぶつかった部分は以前とは全く異なった状態への「変化」を表します。

Step 2 イラスト&例文でマスター！

1 状態の「変化」

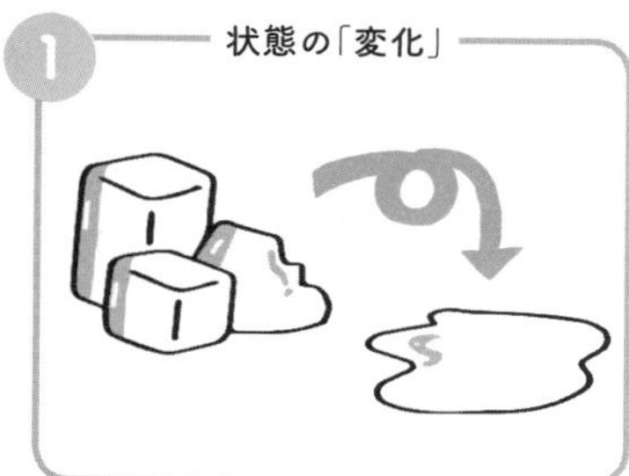

Ice melts into water.

氷は溶けて水になる。

2 成長による「変化」

Tadpoles grow into frogs.

オタマジャクシは成長してカエルになる。

3 加工による「変化」

Milk is made into cheese.

牛乳はチーズに加工される。

4 作業による「変化」

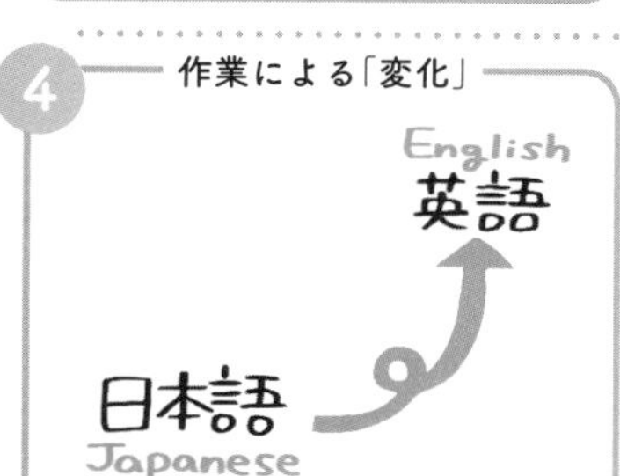

Put the following sentences into English.

次の文章を英語に翻訳しなさい。

Step 3 intoを使った熟語

☐change into ~

動 ～に変化する、～に着替える

Did you bring anything to change into?
着替えを持ってきましたか？

☐turn into ~

動 ～に変化する

The debate turned into an argument.
討論は口げんかになった。

☐burst into tears

「突然笑い出す」はburst into laughter。

動 突然泣き出す

He burst into tears when he heard the news.
彼は知らせを聞いて突然泣き出した。

☐put ~ into practice

動 ～を実行する

He promised to put the plan into practice.
彼はその計画を実施すると約束した。

☐fall into ~

動 ～にわかれる、（急に）～に陥る

He fell into bad habits.
彼は悪い癖がついた。

☐come into effect

動（法律、規則が）効力を発する、施行される

The new contract will come into effect on January 1st.
新しい契約は1月1日から効力を発する。

☐come into being

動 出現する、生まれる（= come into existence）

I wonder when the universe came into being.
宇宙はいつ生まれたのだろうか。

☐talk A into ~ing

動 Aを説得して～させる

I talked him into changing jobs.
私は彼を説得して転職させた。

☐trick A into ~ing

動 Aをだまして～させる

He tricked me into signing the contract.
彼は私をだまして契約にサインさせた。

☐divide A into B

動 AをBにわける

This book is divided into five chapters.
この本は5章にわかれている。

☐transform A into B

動 AをBに変える（変形させる）

He transformed the island into a resort.
彼はその島をリゾートタウンに変えた。

☐translate A into B

動 AをBに翻訳する（= put A into B）

Can you translate this letter into Japanese?
この手紙を日本語に翻訳できますか？

⑭

out of

①～の外へ・～から

Step 1　イメージで覚える！

立体空間の中から外へ出てくるイメージで。

立体空間「から」「外へ」のout of

「外へ」の out に、全体の一部からの分離を表す of がついた形の out of は前置詞としての働きをします。out of the box（箱から出る）のように、箱という空間を指定することで、そこから外に出る一連の動きと状態がコアイメージです。into（～の中へ）の対義語が out of（～の外へ、～から）です。
from は単なる起点からの分離で「～から」です。

Step 2 イラスト&例文でマスター！

1 ポケット「から」

He took a coin out of his pocket.

彼はポケットからコインを出した。

2 好奇心「から」

She opened the box out of curiosity.

彼女は好奇心からその箱を開けた。

3 窓「から」

You can see Mt. Fuji out of the windows of the hotel.

ホテルの窓から富士山が見えます。

4 牛乳「から」

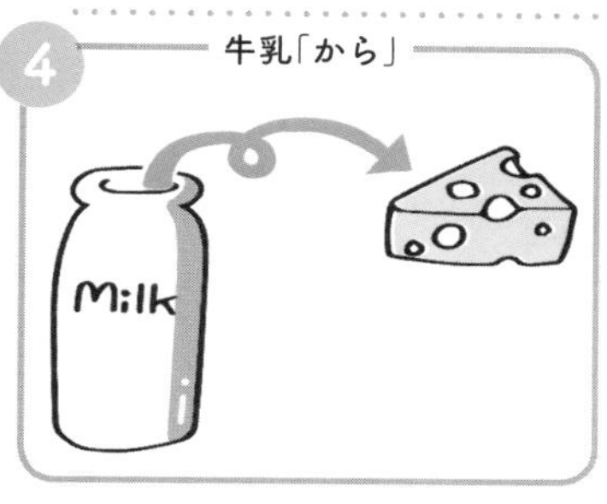

Cheese is made out of milk.

チーズは牛乳から作られる。

⑭

out of

②消失・分離

Step 1　イメージで覚える！

会社の外へ→仕事から離れる→
仕事がなくなるイメージで。

「分離」するから「消失」するout of

out of ~ の後に状態や物質を表す語が続くと、「ある状態から離れて」とか「ものがなくなっている」ことを表します。例えば、out of work なら「失業中で」、out of milk なら「牛乳を切らして」です。さらに、two out of (every) five people（5人中2人）のように、数字の中から、ある数字を抽出する場合も out of です。

Step 2 イラスト&例文でマスター！

1 ガソリンが「消失」

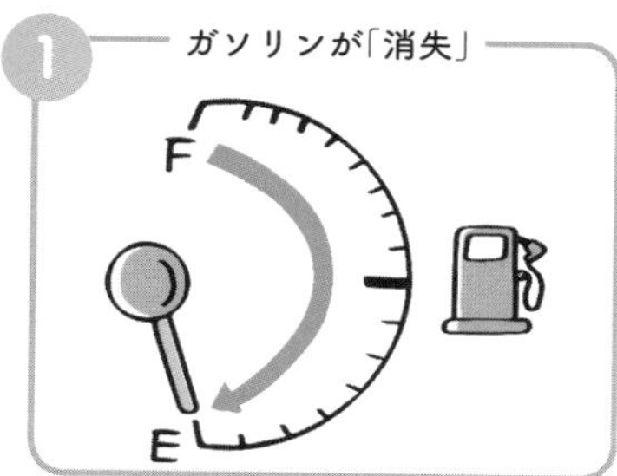

This car is out of gas.

この車はガソリン切れだ。

2 在庫が「消失」

This item has been out of stock for a week.

この品物は1週間在庫切れです。

3 5人の中から3人「分離」

Three out of every five people have mobile phones in this country.

この国では5人に3人が携帯電話を持っている。

4 10回の中から9回「分離」

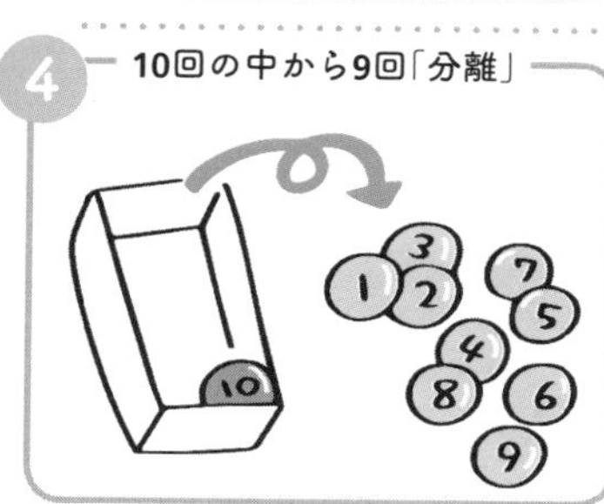

Nine times out of ten your first choice turns out to be the right one.

十中八九、最初に選んだ方が正しいものです。

Step 3　out ofを使った熟語

☐ run out of ~

動 ～が不足する

He ran out of money and had to sell his gold watch.
彼はお金がなくなり金の時計を売らなければならなかった。

☐ get out of ~

動 ～から降りる、～から出て行く

We got out of the taxi in front of the station.
私たちは駅前でタクシーを降りた。

☐ out of the way of ~

前 ～の邪魔にならないように

Keep out of the way of the parade.
パレードの邪魔にならないように離れてください。

☐ out of place

形 場違いの

I felt out of place at the party.
私はパーティーで場違いな思いをした。

☐ out of the blue

副 突然、予告なしに

He proposed to her out of the blue.
彼は突然彼女にプロポーズした。

a bolt from the blue（青空からの落雷→青天のへきれき）から生まれた表現。

☐ talk A out of ~ing

動 Aを説得して～させない

I talked him out of getting married.
彼を説得して結婚をやめさせた。

More Information

乗り物から「降りる」を表す get offとget out ofの違いは？

バスや電車など、中で自由に動くことができ、床にしっかり足をつけて乗っかるイメージから、「バスに乗る」は **get on a bus** で、「バスから降りる」は **on** の対義語の **off** を使って、**get off a bus** と表現します。足を床につけて立った状態で乗り物から離れるイメージです。一方、「タクシーに乗る」のは、身をかがめながら箱のような空間「の中に」乗り込むイメージから、**get into a taxi**（**get in a taxi** のニュアンスは **p.73** を参照）と表現します。反対に、「タクシーから降りる」も同様に、空間の中から出るイメージで、**get out of a taxi** となります。仮に事故で炎上しているバスから降りるのは、**get out of the burning bus** が自然な表現です。

Step 3　out ofを使った熟語

☐out of order

形 故障して

This vending machine is out of order.
この自販機は故障している。

☐out of sight

副 見えなくなって

The ship sailed out of sight.
その船は見えなくなった。

☐out of fashion

形 流行遅れで

Long skirts are out of fashion now.
ロングスカートはもう流行遅れです。

☐out of control

形 制御できない

The drone went out of control and crashed.
そのドローンは制御できなくなり墜落した。

☐out of date

形 時代遅れで、無効の

The information in the guidebook is out of date.
そのガイドブックの情報は時代遅れだ。

☐out of breath

形 息が切れて

Why are you out of breath?
なぜ息を切らしているのですか？

☐out of danger

形 危険を脱して

This is how we got out of danger.
このようにして私たちは危機を脱した。

☐out of reach of ~

前 ～の手の届かない所に

Keep it out of reach of children.
子どもの手の届かない所においてください。

☐get out of hand

動 手に負えなくなる

Things are getting out of hand.
事態は手に負えなくなってきた。

☐out of hand

副 即座に

His proposal was rejected out of hand.
彼の提案は即座に却下された。

☐out of the question

形 問題外の、不可能な

You can't wear jeans to the party; it's out of the question.
パーティーにジーンズを着て行ってはだめ、問題外です。

☐out of one's mind

形 気が狂って

He must be out of his mind.
彼は気が狂っているに違いない。

15

against

①対立・反対

Step 1 イメージで覚える！

川の流れに逆らって鮭が上流にのぼって行くイメージで。

「対立」する力で「反対」に押し返すagainst

産卵のために鮭が川を遡上（そじょう）する動きがagainstのコアイメージです。川の流れと鮭が向かい合っているイメージですが、2つの力が向かい合えば、当然そこから「対立」や「反対」という意識が生まれます。ぶつかり合いで、一方的に押すだけでなく、押された方が押し返すイメージです。塀の面に対して、「はしごを立てる」なら、lean a ladder against the fenceですが、はしごの背景に塀があるイメージです。

Step 2 イラスト&例文でマスター！

1 計画に「反対」して

Are you for or against the plan?

あなたはその計画に賛成ですか反対ですか？

2 友人に「対立」して

The politician ran against his friend in the election.

あの政治家は友人に対抗して選挙に出た。

3 青空に「対立」して

We took our pictures against the blue sky.

私たちは青い空を背景に写真を撮った。

4 意志に「反対」して

He signed the contract against his will.

彼は意に反して契約に署名した。

⑯

up

①上昇・勢い

Step 1　イメージで覚える！

花火が打ちあがるように
勢いを感じさせる上方運動。

「勢い」を感じる「上方向への動き」のup

打ち上げ花火の玉が上空に向かってグングン上昇していきますが、この「上への方向運動」と「上にある状態」が前置詞・副詞の up のコアイメージです。上への方向運動は常に勢いを感じさせます。速度を徐々に速めていくのが「スピードアップ (speed up)」、体を徐々に温めるのが「ウォームアップ (warm up)」。ゆっくりとしたペースから徐々にスピードを上げる走法は「ビルドアップ (build up)」です。

Step 2 イラスト&例文でマスター！

1 立って「上昇」する

Stand up, please.

起立してください。

2 価格が「上昇」する

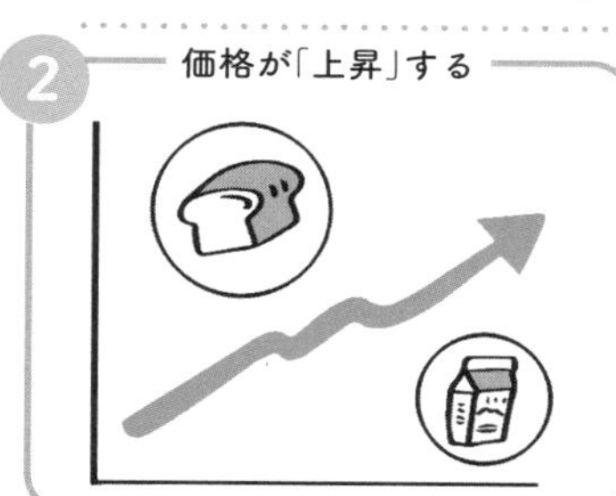

Prices are going up these days.

近ごろ、物価が上がっている。

3 数が「上昇」する

Can you count up to ten in Spanish?

スペイン語で10まで数えられますか？

4 温度が「上昇」する

I heated up the cold soup for dinner.

夕食に冷たいスープを温めた。

Step 3 upを使った熟語

☑get up

動 起きる

It's time to get up.
起きる時間です。

☑wake up

動 目が覚める

Wake up! It's already 7 o'clock.
起きなさい！ もう7時ですよ。

☑stay up

動 夜更かしする

I stayed up late last night.
昨夜は夜更かししてしまった。

☑sit up

動 背筋を伸ばして座る、遅くまで起きている

Sit up straight.
背筋をまっすぐにして座りなさい。

☑put up ~

動 ～をたてる、～を上げる

Put up your hand if you don't understand.
理解できなければ手を挙げなさい。

☑put ~ up

動 ～を泊める

Can you put me up for the night?
今晩泊めてくれますか？

☐set up~

動 ～を設立する

I'm thinking of setting up a new business.
新しい会社の設立を考えています。

☐pick up~

動 ～を拾い上げる、～を車に乗せる、（外国語）を聞きわける

I'll pick you up around noon tomorrow.
明日の正午ごろ車で迎えに行きます。

☐hold up~

動 ～を持ち上げる、～を遅らせる、～を強奪する

The post office was held up last week.
先週、その郵便局に強盗が入った。

☐pull up (~)

馬の手綱を上に引っ張ることから転じた表現。

動（車が）止まる、～を引き寄せる

The car pulled up in front of my house.
その車は私の家の前に止まった。

☐turn up (~)

動（ボリューム）を上げる、現れる

Would you turn up the radio?
ラジオのボリュームを上げてくれますか？

☐look up (~)

動 見上げる、～を調べる

Look up this word in the dictionary.
この単語を辞書で調べなさい。

Step 3 upを使った熟語

☑give up (~)

動 (～を) あきらめる

She gave up the idea of studying abroad.
彼女は留学するのをあきらめた。

☑build up ~

動 ～を築き上げる、～を増進する、～を鍛える

I have to build up my strength.
私は体を鍛えなければならない。

☑put up with ~

動 ～を我慢する

I can't put up with his rude attitude.
彼の無礼な態度には我慢できない。

☑grow up

動 成長する

She grew up to be a doctor.
彼女は成長して医者になった。

☑bring up ~

動 ～を育てる、～を持ち出す、～を上へ持って来る

She was born and brought up in Osaka.
彼女は大阪で生まれ育った。

☑cheer up (~)

「元気出して！」なら Cheer up!

動 (～を) 元気づける

Her letter cheered me up.
彼女の手紙は私を元気づけてくれた。

☐hurry up

動 急ぐ

Hurry up, or you'll miss the train.
急がないと電車に遅れますよ。

☐warm up ~

動 ～を温め直す、暖まる

Warm up the pasta in the oven.
オーブンでパスタを温め直して。

☐take up ~

動（時間・場所）を取る、～を取り上げる、～をはじめる

The piano takes up too much space.
ピアノはスペースを取りすぎる。

☐make up (~)

動 ～を構成する、～をでっちあげる、化粧する、仲直りする

The couple kissed and made up.
そのカップルはキスをして仲直りした。

☐make up for ~

動 ～を埋め合わせる

We have to make up for lost time.
遅れた時間を取り戻さなければならない。

☐brush up (on) ~

動 ～を勉強し直す

I'm going to brush up (on) my French.
フランス語を勉強し直すつもりです。

16

up

②出現・終了

Step 1 イメージで覚える！

打ち上げ花火に驚いて
What's up?（何が起きたの？）

花火が「出現」して「消える」イメージのup

打ち上げられた花火の玉は上空で破裂し、夜空にきれいな景色が広がります。突然の花火の「出現」にビックリした人たちは一体何が起こったのかと思うことでしょう。

What's up? の原義は「何が起きたの？」ですが、この表現は主に「調子はどう？」の意味で、あいさつ代わりに使われます。

夜空に打ち上がったきれいな花火もあっという間に終わってしまいます。上昇運動は、やがて重力の法則に従って、その運動を終え、落下することになります。ここから、up には一気に、完全に「終了」するという意味が生まれます。

Step 2 イラスト＆例文でマスター！

1 何が「出現」した？

"What's up?"
"Nothing much."

「調子はどう？」
「特にないね」

2 時間の「終了」

Time's up.

時間です。

3 宿題を完全に「終了」

Finish up your homework.

宿題をサッサと終わらせなさい。

finish up ~ で「～を全部終わらせる」。

4 飲むことを一気に「終了」

Drink up!

飲み干せ！

「完食する」なら eat up。

Step 3　upを使った熟語

☐show up

動 現れる

She didn't show up at the party.
彼女はパーティーに現れなかった。

☐use up ~

動 ～を使い切る

Use up the milk within a week.
1週間以内にミルクは使い切ってください。

☐end up (~)

動 （～に）終わる

The story ended up surprising me.
その物語の結末に私はビックリした。

☐blow up (~)

動 爆発する、～を爆破する

The terrorists blew up the bridge.
テロリストたちは橋を爆破した。

☐break up (~)

動 ～を粉々にする、～を終わらせる、終わりになる

The party broke up at midnight.
パーティーは夜中の12時に終わった。

☐break up with ~

動 ～と別れる

Why did you break up with her?
どうして彼女と別れたのですか？

☐eat up (~)

動 (～を) 食べきる

Eat up your lunch.
昼食は全部食べなさい。

☐shut up (~)

動 話をやめる、～を黙らせる

Shut up and listen!
黙って聴きなさい。

☐clean up ~

動 ～をきれいに片付ける

Can you help me clean up the living room?
リビングの片付けを手伝ってくれる？

☐clear up (~)

動 晴れ上がる、～を片付ける

The rain has cleared up.
雨が上がった。

☐be fed up with ~

動 ～にうんざりする

I'm fed up with his long stories.
彼の長話にはうんざりだ。

☐sum up ~

動 ～を要約する

Sum up your argument in a sentence.
一文であなたの主張を要約しなさい。

⑯

up

③接近・～まで

Step 1　イメージで覚える！

到達点（山や丘の頂上）への
「接近」をイメージして。

話題の中心への「接近」を表すup

climb up the hill は「丘の頂上に向かって登る」ことで、頂上に達したことは表しませんが、ここから、up には目標や話題の中心への「接近」の意味が生まれます。
「丘の頂上まで登る」ためには、到達点を表す前置詞の to の力を借りて、climb up to the top of the hill とします。「10 まで数える」なら、count up to ten、「膝まで浸かった水」なら、water up to the knees です。到達点を基準と考えれば、not up to ~ で、「～の基準に達していない」ことで、I'm not up to the job. なら、「私にはその仕事はできない」です。

Step 2 イラスト＆例文でマスター！

1 私への「接近」

A stray cat walked up to me.

野良ネコが私に歩いて近づいて来た。

2 あなたへの「接近」

I'll meet up with you at the station.

駅で会いましょう。

3 期待への「接近」

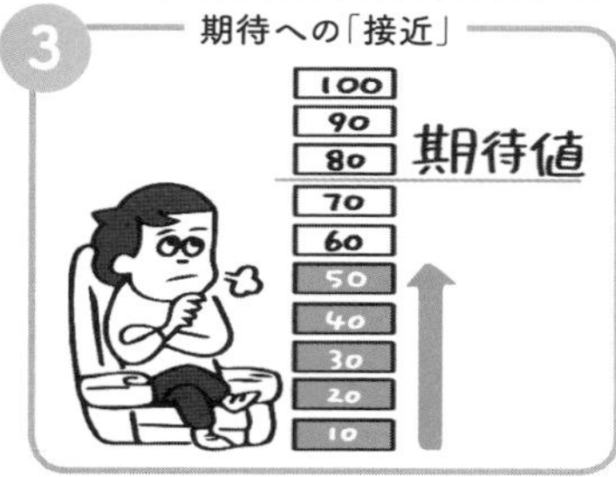

The movie wasn't up to my expectations.

その映画は期待外れだった。

4 あなた（の基準）への「接近」

"Shall we eat out or stay in?"
"It's up to you."

「外食にしますか家にしますか？」
「あなたに任せます」

up to you は、you にひもでぶら下がっているイメージ。判断の基準が「あなた」にあるということ。

Step 3 upを使った熟語

☐up to ~

前 ～まで

This hall can hold up to an audience of 500.
このホールは500人の聴衆まで収容できる。

☐up to date

形 最新式の

This software is up to date.
このソフトは最新式だ。

☐up to now

副 今まで

Up to now, he's been doing pretty well.
今までのところ彼はかなりうまくやっている。

☐up to a point

副 ある程度（まで）

I agree with you up to a point.
ある程度まではあなたに賛成です。

☐come up to ~

動 ～に近づく、～に達する、（期待）に応える

His performance didn't come up to my expectations.
彼の演技は私の期待に添わなかった。

☐look up to ~

動 ～を尊敬する

Many students look up to Mr. Smith.
多くの生徒がスミス先生を尊敬している。

☐ live up to ~

動 （期待など）に応える、～に従って生きる、～を実践する

He found it hard to live up to his ideals.
理想を実践することは難しいと彼は思った。

☐ add up to ~

動 （合計が）～になる（達する）

His debts added up to about one million dollars.
彼の借金は約百万ドルに達した。

☐ keep up with ~

動 ～について行く

I walked fast to keep up with her.
彼女について行けるように速く歩いた。

☐ catch up with ~

動 ～に追いつく

Go on ahead. I'll soon catch up with you.
先に行ってて。すぐに追いつくから。

☐ think up ~

動 ～を思いつく

I couldn't think up an excuse.
私は言い訳を思いつかなかった。

☐ come up with ~

動 ～を考え出す、～を発見する

I couldn't come up with an answer.
答えを考え出せなかった。

17

over

①越えて

Step 1 イメージで覚える！

over は川の端から端までを
弧を描くように越えるイメージで。

何かの上を「越える」 over

over は、jump over the brook（小川を跳び越える）のように、あるものの上方を弧を描くように端から端までを越えるのがコアイメージですが、the bridge over the brook（小川にかかる橋）のように、静止した状態を表すこともできます。
今いる所から弧を描いた「向こう側に (over there)」には距離感がありますが、come over (here)（こっちへ来る）なら、少し遠い所から来るニュアンスです。
He's over fifty years old.（彼は 50 歳を過ぎている）にように、over が数字につく時は、その数よりも多いことを表すので、厳密に言うと、彼は 51 歳以上ということになります。

Step 2 イラスト&例文でマスター！

1

She spread a cloth over the table.

彼女はテーブルにクロスを広げた。

2

He was wearing a coat over his suit.

彼はスーツの上にコートを着ていた。

3

I want to travel all over Europe.

ヨーロッパ中を旅行したい。

4

We talked over the phone.

私たちは電話越しに話をした。

Step 3 overを使った熟語

☑run over ~

動 ～をひく

My sneaker was run over by a car.
私のスニーカーは車にひかれた。

☑get over (~)

動 (～を) 乗り越える、～に打ち勝つ

It took me a week to get over the flu.
インフルエンザを治すのに1週間かかった。

☑hand over ~

動 ～を手渡す

The thief was ordered to hand over his gun.
泥棒は銃を手渡すように命令された。

☑pull over (~)

動 (車) をわきに寄せる、わきに寄る

He pulled his car over.
彼は車をわきに寄せた。

☑stop over

動 (旅の途中で) 立ち寄る、泊まる

The plane stopped over in Manila on the way to Cebu.
その飛行機はセブ島に行く途中、マニラに立ち寄った。

☑give over ~

動 ～を引き渡す

We gave him over to the police.
私たちは彼を警察に引き渡した。

☐ move over

動 席を詰める

Move over a little, please.
少し詰めてください。

☐ turn over (~)

動 ひっくり返る、をひっくり返す

Turn the card over, please.
そのカードをひっくり返してください。

☐ take over ~

動 ～を引き継ぐ

She took over her father's business.
彼女は父親の事業を引き継いだ。

☐ carry over ~

動 ～を持ち越す、～を延期する

You can carry over your ten days' leave to next year.
あなたは10日間の休暇を来年まで持ち越せます。

☐ all over ~

前 ～中で

Her book is read all over the world.
彼女の本は世界中で読まれている。

☐ over the hill

形 もう若くない、全盛期を過ぎた

That singer is over the hill.
あの歌手は全盛期を過ぎている。

⑰

over

②終了・反復・支配

Step 1 イメージで覚える！

夏休みのはじまりから
終わりまでの期間。

「終了」や「支配」を表すover

「パーティーは終わった（楽しいことはこれでおしまい）」はThe party is over.ですが、端から端まで、つまり、パーティーのはじまりから終わりまで通過するイメージで「終了」を表します。対象が特定の期間なら、over the summer vacationで、「夏休みのはじまりから終わりまで」から「夏休みの間ずっと」です。

A over Bは、AがBを覆っている状態から「AはBよりも優位な状態」とイメージを広げ、「AはBを支配している」「AはBより優位にある」という意味になります。

Step 2 イラスト＆例文でマスター！

The rainy season is over.

梅雨は終わりました。

I'll stay home over the weekend.

週末はずっと家にいます。

Let's talk over lunch.

ランチをしながら話をしましょう。

The teacher had no control over some students.

その先生は何人かの生徒に手を焼いている。

Step 3 overを使った熟語

☐talk over ~

動 ～を話し合う、～を相談する

We had a lot to talk over.
私たちには話し合うことがたくさんある。

☐think over ~

動 ～を熟考する

Let me think over your plan.
あなたの計画をよく考えさせてください。

☐cry over ~

動 ～のことでくよくよする

直訳は「こぼれたミルクのことでくよくよしてもむだ」。ここから転じたことわざ。

It is no use crying over spilled milk.
覆水盆に返らず。

☐go over ~

動 ～を渡る、～を調べる、～を検討する

You should go over the details before you buy a house.
家は買う前によく検討した方がいいですよ。

☐look over ~

動 ～をざっと調べる（目を通す）

He looked over the papers before the meeting.
彼は会議の前に書類をざっと調べた。

☐start over

動 最初からはじめる

Let's start over from the beginning.
はじめからやり直しましょう。

☐over and over (again)

副 何度も何度も

She sang the same song over and over.
彼女は同じ歌を何度も何度も歌った。

☐over a cup of tea

副 お茶を飲みながら

We had a chat over a cup of tea.
私たちはお茶を飲みながらおしゃべりした。

☐roll over

動 転がる

He rolled over in the bed.
彼はベッドで寝がえりした。

☐over again

副 もう一度、繰り返して

I wish I could live my life over again.
もう一度、人生をやり直すことができたらな。

☐read over ~

動 ～をざっと読む、～を通読する

Read over your answers carefully.
よく答えを読み返しなさい。

☐rule over ~

動 ～を支配する

The king ruled over his people for fifty years.
王は50年間国民を治めた。

①18

beyond

①向こうに・越えて

Step 1 イメージで覚える！

川のはるかかなた「向こうへ」。

何かを「越えた」「向こう」を表すbeyond

beyond は、the beyond で「来世」という意味がありますが、「遠く離れた所にある物体を越えた向こう側にある」が語源で、空間だけでなく、時間や範囲・限界・境界を「越えてはるかかなたへ」がコアイメージです。空間なら beyond the river（川の向こう側に）、時間なら beyond midnight（夜中の 12 時過ぎまで）、限界なら beyond me で、「私の理解を越えて」です。

live above one's income が、収入を基準にして、それよりも上の生活をしているのに対して、live beyond one's income は、実際の収入よりもはるかに越えた生活をしている、という違いがあります。

Step 2　イラスト&例文でマスター！

1 赤ちゃんの「向こうに」

Put it beyond the reach of babies.

赤ちゃんの手の届かない所においておきなさい。

2 表現を「越えて」

The scenery is beautiful beyond description.

その景色は筆舌に尽くしがたいほど美しい。

3 認識を「越えて」

He has changed beyond recognition.

彼は見わけがつかないほど変わった。

4 収入を「越えて」

He used to live beyond his means.

彼はかつて収入以上の生活をしていた。

19

above

①上に

Step 1　イメージで覚える！

雲海の「上に」ある飛行機が。

空間、数値、能力が「上に」あるabove

above は、あるものを基準にして、それよりも高い所にある状態がコアイメージです。The plane is above the clouds.（飛行機は雲海の上空にある）は、飛行機が雲海の高さを基準にして、それよりも高い所にあることを伝えていますが、青空も雲海よりも高い所に位置するので、The blue sky is above the clouds. とすることもできます。
空間上の上下関係だけでなく、数量値・価値観・地位・能力などが、基準よりも上にあることを示すのも above です。

Step 2 イラスト&例文でマスター！

1 全ての「上に」

Above all, you have to thank your family.

とりわけ、あなたは家族に感謝しなければならない。

2 海水面の「上に」

The village is 1,000 meters above sea level.

その村は海抜千メートルの所にある。

3 うそを超越した「上に」

He is above telling lies.

彼はうそをつくような人ではない。

be above ~ing で「〜するような人ではない」。

4 今読んでいる文の「上に」

For details, see above.

詳しくは上記を参照してください。

20

below

①下に

Step 1 イメージで覚える！

above の対義語が below。
飛行機の「下」にある雲海。

何かの基準の「下に」あるbelow

above の対義語が **below** で、あるものを基準にして、それよりも低い所にある状態がコアイメージです。**above** と同様に、動きや方向性もない静的なイメージです。「（飛行機の）眼下に広がる雲海を見て」は **Look at the clouds below.** ですが、この場合、基準となるのは飛行機の高さです。基準が水平線の位置なら **The sun has just set below the horizon.**（太陽がたった今、水平線に沈んだ）、基準が膝の高さなら **My skirt reaches far below the knees.**（私のスカート丈は膝よりずっと下にある）です。

Step 2 イラスト＆例文でマスター！

His comment was below the belt.

彼のコメントはルール違反だった。

below the belt（ひきょうなふるまい、反則）はボクシングで腰から下の攻撃がルール違反となることから派生したイディオム。

His height is below average.

彼の身長は標準以下です。

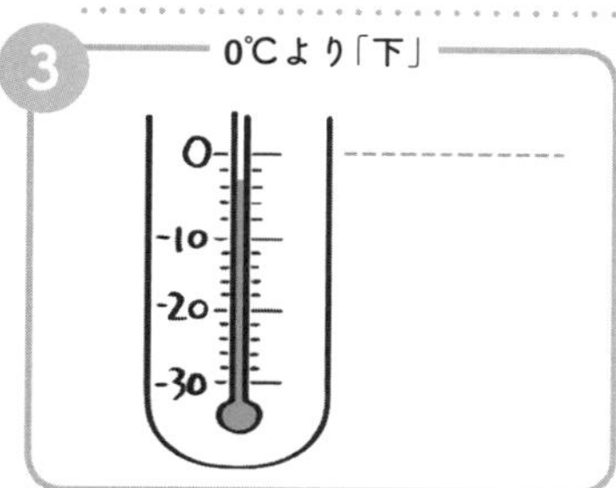

The temperature dropped below zero.

気温が零下に下がった。

For more information, see below.

さらなる情報に関しては下記をご参照ください。

More Information

belowは何の「下」の時に使う？

My office is below the convenience store. は「私のオフィスはコンビニの地下にある」ですが、地図を広げて、**Kamakura City lies below Tokyo on a map.** と言えば、「鎌倉市は東京の南の方角にある」、**There's a waterfall below the bridge.** なら「橋の下流に滝がある」のように使うこともできます。また、数量値・地位・価値などが基準より下にあることも **below** で表します。**It was 10 degrees below freezing point this morning.** は基準の零度と考えて、「今朝は気温が零下 10 度だった」です。**He is one year below me.** なら「（学校などで）彼は私より 1 学年下だ」となります（自分は 2 年生で、彼は 1 年生という状況など）。**The job is below you.** なら「それはあなたがするような仕事ではない」です。

More Information

overとaboveの違いは？

below の対義語にあたる above の使い方についても、ここでマスターしましょう。The plane flew over Paris.（飛行機はパリ上空を飛んだ）のように、over はパリ上空を移動するイメージです。一方、Planes have to fly above the clouds.（飛行機は雲の上を飛ばなければならない）のように、above は動きや方向性を持たない静的なイメージです。My office is above the convenience store. は「私のオフィスはコンビニの上にある」ですが、地図を広げて、Kasukabe City lies above Tokyo on a map. と言えば「春日部市は東京の北の方角にある」、There's a waterfall above the bridge. なら「橋の上流に滝がある」のように使うこともできます。

21

down

①下方向

Step 1　イメージで覚える！

階段の「下」方向
への動きをイメージ。

下への方向と下にある状態を表すdown

up の対義語が **down** で、下への方向運動と下にある状態が前置詞・副詞の down のコアイメージです。「10 まで数える」の **count up to ten** に対して、「10 から逆に 1 まで数える」なら、**count down from ten to one** です。

go down the stairs は「階段を降りる」ですが、**go down the street** は「通りを下る」ではなく、「通りをずっと進む」ことです。この場合の **down** は、「下へ」ではなく、自分がいる所から離れた方向への意味で使われます。

Step 2 イラスト＆例文でマスター！

1 「下」に座る

Sit down, please.

座ってください。

2 上側を「下」に

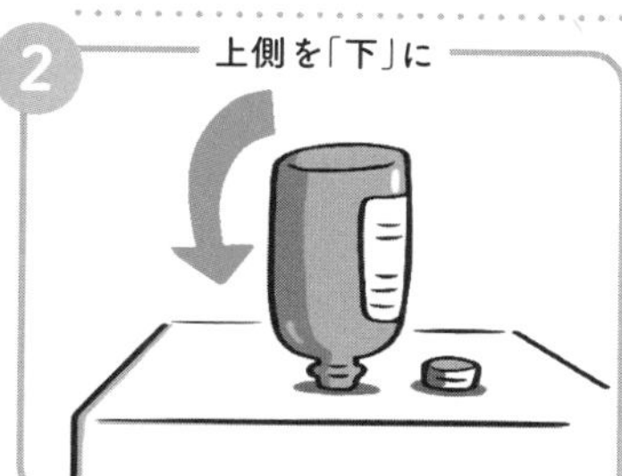

Keep the bottle upside down.

そのビンは逆さまにしておいてください。

3 川の流れの「下」に

The ship sailed down the river.

船は川を下った。

4 通りの「下(先)」に

There's a nice restaurant down this street.

この通りの先にすてきなレストランがある。

坂の下というイメージではなく、離れた方向というニュアンス。

Step 3 downを使った熟語

☑come down

動 降りる、落ちる、下がる、伝わる

What goes up must come down.
上にあがったものは下に落ちなければならない。

☑go down

動 降りる、下がる、沈む

The sun went down.
太陽が沈んだ。

☑fall down (~)

動（～から）落ちる、崩れ落ちる、倒れる

The bridge is about to fall down.
その橋は今にも崩れ落ちそうだ。

☑look down on ~

動 ～を軽蔑する

She looks down on fans of horror movies.
彼女はホラー映画ファンを見下している。

☑cut down ~

動 ～を切り倒す

Trees are being cut down for lumber in the Amazon.
アマゾンでは木材用に木が伐採されている。

☑pull down ~

動 ～を取り壊す（= tear down ~)、～を引き下ろす

The old factory was pulled down.
その古い工場は取り壊された。

☑let down ~

動 ～を失望させる、～を降ろす

She let down the blinds.
彼女はブラインドを降ろした。

☑get down (~)

動 降りる、～を降ろす、～を失望させる

Get down from the ladder.
はしごから降りなさい。

☑hand down ~

動 ～を（後生に）伝える

The custom has been handed down from generation to generation.
その習慣は世代から世代へと伝えられてきた。

☑set down ~

動 ～を下におく、（基準など）を定める、～を書き留める

She carefully set the vase down on the table.
彼女は慎重に花びんをテーブルにおいた。

☑put down ~

動 ～を下におく、～を鎮める、～を書き留める

The rebellion was immediately put down.
その反乱は直ちに鎮圧された。

☑shut down (~)

動 ～を閉鎖（休業）する、閉鎖（休業）する

The factory was shut down for a month.
その工場は1カ月間閉鎖された。

21

down

②衰え・停止・安定

Step 1 イメージで覚える！

リングに倒れて
停止状態に。

勢いが弱まり「停止」するdown

up が勢いを感じさせるのに対して、down は勢いの衰えを暗示します。ボクシングで「ノックダウン (knock down)」は相手選手に殴られてリングに沈むことですが、ここから「停止状態」となります。**Put your hand down.** は「手を降ろしてください」、**Put your pencil down.** は「鉛筆をおいてください」ですが、これは宙に浮いてふらふらしている不安定な状態から、下に降ろすことによって、どしっと安定状態にするイメージです。

Step 2 イラスト&例文でマスター!

1 気持ちの「衰え」

You look a little down.

ちょっと元気がないようですね。

2 体力の「衰え」

I'm down with the flu.

インフルエンザで寝込んでいます。

3 機能の「停止」

This computer is down.

このコンピュータは故障している。

4 横になって「安定」

Let's lie down on the grass.

芝生に横になろう。

Step 3　downを使った熟語

☐get down to ~

動 （本格的に）～に取り掛かる

It's time to get down to work.
仕事に取り掛かる時間だ。

☐settle down (~)

動 腰を下ろす、定住する、落ち着く、～を落ち着かせる

The family settled down in Hokkaido.
その家族は北海道に定住した。

☐calm down (~)

動 ～を静める、落ち着く

Calm down and listen to me.
落ち着いて私の言うことを聴いて。

☐cool down (~)

動 冷静になる、冷める、～を冷やす

Wait for the soup to cool down.
スープが冷めるまで待ちなさい。

☐die down

動 （音が）小さくなる、（風が）静まる、（火が）弱まる

The wind is beginning to die down.
風が静まりかけてきた。

☐cut down on ~

動 ～を減らす

You should cut down on carbohydrates.
炭水化物の量を減らした方がいいですよ。

☑ burn down (~)

動 (～を) 全焼する

The old castle burned down.
その古い城は全焼した。

☑ slow down (~)

動 速度を緩める、～の速度を遅くする

The car slowed down at the intersection.
交差点でその車は速度を緩めた。

☑ break down

動 故障する

My car broke down in the middle of the road.
私の車は道路の真ん中で故障した。

☑ turn down ~

動 ～を断る、(音量) を下げる

Why did you turn down the invitation?
なぜその招待を断ったのですか？

☑ come down with ~

動 (病気) にかかる

He came down with a bad cold.
彼はひどい風邪にかかった。

☑ melt down

動 (～を) 溶解する、炉心溶解する

The scrap iron is melted down and recycled.
その鉄くずは熔解されてからリサイクルされる。

22

under

①下に・下へ・進行中

Step 1 イメージで覚える！

テーブルの真下に。

何かの「真下」を表すunder

under は、「テーブルの下にいるネコ (a cat under the table)」のように、ある物体の真下に位置するのがコアイメージです。roll under the table（テーブルの下へ転がる）のように、動的な状態を表すこともあります。また、over の対義語が under なので、上からの「圧力」や「影響」などを受けながら、下で支えている人の「現在進行中の動作や状態」を表します。
under が数字につく場合はその数字は含まれないので、under twenty は「20 より下」の意味から「19 以下」ということになります。

Step 2 イラスト＆例文でマスター！

1 橋の「下」

Our boat passed under the bridge.

私たちのボートは橋の下を通った。

2 車の「下」から

A cat ran out from under the car.

車の下からネコが飛び出てきた。

3 ストレスの「下」

I'm under stress.

私はストレスを感じている。

4 工事が「進行中」

A big hotel is under construction near the airport.

空港の近くに大きなホテルが建設中だ。

Step 3 underを使った熟語

☑under age

形 未成年で

I can't drink because I'm under age.
私は未成年なのでお酒は飲めません。

☑under the weight of ~

前 ～の重みで

The bench collapsed under the weight of many people.
多くの人たちの重みでベンチは崩れた。

☑under no circumstances

副 どんなことがあっても

Under no circumstances are you to leave the house.
どんなことがあっても家から出てはいけない。

☑under the name of ~

前 ～という名前で、～に隠れて

He wrote a novel under the name of Jack Robinson.
彼はジャック・ロビンソンという名前で小説を書いた。

☑under control

形 制御されて、正常で

Everything is under control.
全て順調です。

☑under the influence of ~

前 ～の影響を受けて

She became a lawyer under the influence of her father.
彼女は父親の影響を受けて弁護士になった。

☐under way

形 進行中で

The ceremony is under way.
儀式は進行中だ。

☐under repair

形 修理中で

Our school gym is under repair.
学校の体育館は補修中だ。

☐under investigation

形 調査中で

The murder is still under investigation.
その殺人事件はまだ捜査中だ。

☐under consideration

形 考慮中で、審議中で

My proposal is under consideration.
私の提案は審議中です。

☐under development

形 開発中で

The new vaccine is under development.
新しいワクチンは開発中だ。

☐under surveillance

形 監視中で

The police are keeping him under surveillance.
警察は彼を監視中だ。

23

after

①後に続く

Step 1 イメージで覚える！

泥棒の後を追いかけて。

背中を追う、後に続くafter

run after the thief（泥棒を追いかける）のように、何かの後ろに続いて追いかけている動作や状態がafterのコアイメージです。after school や after lunch は「放課後」や「昼食後」ですが、work overtime day after day（毎日毎日残業をする）のように、せわしなく追いかけるイメージです。画家の卵は一流の画家のまねをすることからはじめ、追いつけることを目標に日夜研鑽に励む……というイメージで、a painting after the style of Monet なら「モネをまねた絵画」から「モネ風の絵画」という意味になります。
After you. は「あなたの後に」から「どうぞお先に」、after all は「全ての後で」から「結局、やっぱり」の意味になります。

Step 2 イラスト&例文でマスター！

1 あなたの「後に続く(まねる)」

We named our son after you.

あなたの名前をとって息子に名前をつけました。

name A after B で「B にちなんで A と名づける」。after B（B についていく）から「まねる→名前をとる」という意味に。

2 タクシーが「後に続く」

The taxis came one after another.

タクシーが次から次へとやって来た。

3 3人の子の「後に続く(後ろで見守る)」

She has three children to look after.

彼女には面倒を見なければならない子どもが3人いる。

4 父親の「後に続く(似る)」

The baby takes after her father.

その赤ちゃんは父親に似ている。

take after ~ で「～に似ている」。目的語になるのは、主語よりも年上で血縁関係にある人のみ。

24

behind

①遅れて・後ろに

Step 1　イメージで覚える！

何かの後ろに隠れて。

時間的・空間的な「後ろ」をさすbehind

behind は、a park behind the school（校舎の裏にある公園）のように、あるものの後ろに位置していることがコアイメージです。空間的なものだけでなく、時間的なものであれば「遅れて」、「事柄」や「事件」であれば「～の背後に」です。hide behind the curtain（カーテンの後ろに隠れる）、the story behind the news（そのニュースの裏話）のように隠れたニュアンスで、後ろにあるものが隠れて見えないことを暗示させます。three goals behind (the other team)（［相手チームに］3ゴール差で負けている）のように、成績や能力が対象になれば、「遅れをとっている」です。

Step 2 イラスト&例文でマスター！

1 「後ろに」隠れて

Don't say bad things about others behind their backs.

人のいない所で悪口を言ってはいけません。

2 時代に「遅れて」

His ideas are behind the times.

彼の考えは時代遅れだ。

behind time は「時間に遅れる」だが、time に the をつけて複数形にした the times は「時代」という意味に。最新型の IT 端末の後ろに旧型が並ぶイメージ。

3 「後ろに(おき去りに)」

I left my umbrella behind on the bus.

バスに傘をおき忘れた。

この場合の behind は副詞だが、省略してもよい。

4 予定より「遅れて」

We are 10 minutes behind schedule.

予定より 10 分遅れています。

「予定より 10 分早い」なら 10 minutes ahead of schedule。

25

among

①間に、中に

Step 1　イメージで覚える！

群れ（the crowd）の中に。

複数のものの「間」をさすamong

among は「同質のものの群れに囲まれて」が語源ですが、空間や範囲などが三者以上の集合体の間にあるのがコアイメージです。
among の後に続く名詞は複数形ですが、the crowd（群衆）や the audience（聴衆）などの集合体を表す名詞もあります。
among the largest cities in the world のように、世界にたくさんある大都市の1つ（= one of the largest cities in the world）のような使い方もできます。

Step 2　イラスト&例文でマスター！

1 木々の「間」に

The cottage is among the trees.

その小屋は木々の間にある。

2 年配世代の「間」で

The group is popular among the older generation.

そのグループは年配の世代に人気がある。

3 他のものの「中」で

Among other things, I like reading.

とりわけ読書が好きです。

4 私たちの「間」で

This is just among ourselves.

これはここだけの話です。

26

between

①間に

Step 1　イメージで覚える！

2つのもの（人、時間）の「間に」。

2つのものの「間」をさすbetween

between は the boy standing between his parents（両親の間に立っている少年）や the bus running between the two cities（2つの都市を走るバス）のように、空間が二者の間にあるのがコアイメージですが、空間だけでなく、between 3 o'clock and 5 o'clock（3時と5時の間に）のように時間的なものを表すこともできます。

ただし、The Mediterranean lies between Africa, Europe and Asia.（地中海はアフリカ・ヨーロッパ・アジアの間にある）のように、1つのものと周囲の多くのものとの相互関係に重点がおかれる場合には、2つより多いものの間でも between を使うことがあります。男女の三角関係も、それぞれの相互関係に重点がおかれるので love between the three people です。

Step 2 イラスト&例文でマスター!

1 食事と食事の「間に」

Do you usually eat between meals?

あなたはよく間食をしますか?

2 ヤギと羊の「間に」ある違い

What's the difference between goats and sheep?

ヤギと羊の違いは何ですか?

the difference between A and B で「AとBの違い」。

3 行と行の「間に」

If you want to understand this poem, you need to read between the lines.

この詩を理解したいなら行間を読む必要がある。

4 あなたと私の「間に」

Please keep it between you and me.

ここだけの話にしておいてください。

Just between you and me. なら「ここだけの話だけど」。

27

out

①外に・出現

Step 1　イメージで覚える！

店で買った商品を「外に」
持って出る。

中から外へ「出現」するout

out は、ある空間の内側から外側へ出るまでの一連の動作とその状態を表すのがコアイメージです。ファストフード店で買った商品を店から持ち出すテイクアウト（takeout）は「行為」、**He is out.**（彼は外出中です）は彼が家を出て外にいる「状態」です。視点を外側におくと、物体から何かが現れることになります。ここから、**out** には「出現」の意味が生まれます。**Look, the stars are out.**（ほら、星が出ているよ）、**His new book is out.**（彼の新しい本が出た）なら「出現」です。本書で取り上げる **out** は副詞のみの用法です。

Step 2 イラスト＆例文でマスター！

1 内側が「外に」

He wore his sweater inside out.

彼はセーターを裏返しに着ていた。

2 「外に」出る道

I can't find the way out.

出口が見つからない。

3 ゴミを「外に」出す

Would you take out the garbage?

ゴミを出してくれる？

4 花が「出現」

The cherry blossoms are out.

桜の花が咲いている。

Step 3　outを使った熟語

☑go out

動 出て行く、(火、明かりなどが) 消える

Let's go out for a walk.
散歩に行こう。

☑get out (~)

動 外に出る、~を外に出す

Get out!
出て行け!

☑come out

動 現れる、出版される、(秘密が) ばれる

Her new novel came out this month.
彼女の新しい小説が今月出版された。

☑bring out ~

動 ~を世に出す、~を出版する

She brought out another new book.
彼女はまた新しい本を出した。

☑keep out (~)

動 中に入らない、~を中に入れない

The park is fenced in to keep out bears.
公園は熊を入れないようにフェンスで囲まれている。

☑hang out (~)

動 ~を揚げる、~を外へ干す、垂れ下がる

Can you hang out the laundry?
洗濯物を干してくれる?

☐stick out (~)

動 〜を突き出す、突き出る

Don't stick your head out of the window.
窓から頭を出すな。

☐set out

動 出発する

The expedition set out at dawn.
探検隊は夜明けに出発した。

☐give out (~)

動 〜を配る、（音、光、においなど）を発する、尽きる

The lamp gives out white light.
ランプは白い光を放っている。

☐hand out ~

動 〜を配る、〜を手渡す

The teacher handed out worksheets to the class.
先生はクラスの生徒たちにワークシートを配った。

☐break out

動 （戦争、火災などが）起こる

A big fire broke out in my neighborhood last night.
昨夜、近所で大火事があった。

☐go out with ~

動 〜とつき合う

Are you going out with Keiko?
ケイコとつき合っているの？

Step 3　outを使った熟語

☐ask ~ out

動 ～を誘う、～を招く

Did you ask her out on a date?
彼女をデートに誘いましたか？

☐eat out

動 外食する

I eat out a couple of times a week.
私は週に数回は外食します。

☐take out ~

動 ～を取り出す、～を連れ出す

I'll take you out for dinner tonight.
今夜、食事に連れて行くよ。

☐stay out

動 外に出ている、家に帰らない

You can't stay out after dark.
暗くなってから外にいてはいけませんよ。

☐pick out ~

動 ～を選ぶ、～を抜き出す、～を見つけ出す

He picked out a blue shirt.
彼は青いシャツを選んだ。

☐point out ~

動 ～を指摘する

She pointed out several mistakes in my composition.
彼女は私の作文のミスをいくつか指摘した。

☐count ~ out

参加したくない気持ちを表すので、目上の人には使えない。

動 ～を除外する

You can count me out.
今回はやめておくよ。

☐be cut out for ~

動 ～に向いている

I'm not cut out for teaching.
私は教職には向いていない。

☐fall out

動 外側に落ちる、（歯、毛などが）抜ける

When I opened the fridge, an egg fell out.
冷蔵庫を開けたら卵が落ちてきた。

☐drop out

動 中途退学する、脱落する

About one third of the students dropped out.
学生の約3分の1の生徒が中途退学した。

☐help out (~)

動 手を貸す、～を救い出す

Let me help you out.
お手伝いしますよ。

☐check out (~)

動 チェックアウトする、～を調べる

Check it out for yourself.
自分で確かめて。

☐stand out

動 目立つ

Seiko always stands out at parties.
セイコはパーティーでいつも目立っている。

☐turn out (~)

動 ～を消す、～だとわかる、～を製造する

The news turned out to be fake.
その知らせはうそだとわかった。

☐find out (~)

動 (～を) 見つけ出す・知る

He'll get angry if he finds out.
もし彼が知ったら怒りますよ。

☐pull out (~)

動 ～を抜く、出発する

I had my decayed tooth pulled out today.
今日、虫歯を抜いてもらった。

☐single out ~

動 ～を選抜する

He was singled out as the Most Valuable Player.
彼は MVP に選ばれた。

☐hold out (~)

動 ～を差し出す、続く

Hold out your right hand with the palm down.
手のひらを下にして右手を出して。

☐watch out

動 気をつける・注意する（= look out）

Watch out! There's a truck coming.
気をつけて！　トラックが来ます。

☐speak out

動 意見を述べる

He spoke out against the plan.
彼はその計画に反対の意見を述べた。

☐work out (~)

動 うまくいく、運動する、～を考え出す

She works out at the gym every other day.
彼女は1日おきにジムで運動している。

☐figure out ~

動 ～を理解する、～を計算する

I can't figure out the math problem.
その数学の問題が解けない。

☐make out ~

動 ～を理解する、～を判読する

I can't make out his writing.
彼の字は判読できない。

☐carry out ~

動 ～を実行する

He couldn't carry out his promise.
彼は約束を実行することができなかった。

27

out

②消失・消滅・すっかり

Step 1 イメージで覚える！

外に出た後、家は
誰もいない状態に。

すっかり「いない」「止まっている」out

They went out for dinner. は「彼らは夕食に出かけた」ですが、視点を家の内側におけば、家には誰もいないことになります。ここから、out に「消失・消滅」の意味が生まれます。**The elevator is out.**（エレベーターは故障している）なら「機能の停止」です。
また、ある物体から全くなくなることから、「すっかり」「徹底的に」という意味に発展します。**He's tired.** は「彼は疲れている」ですが、**He's tired out.** だと「彼は疲れ切っている」というニュアンスです。

Step 2 イラスト&例文でマスター！

1 「すっかり（完全に）」負ける

Our team was knocked out in the first round.

我がチームは１回戦で敗退した。

2

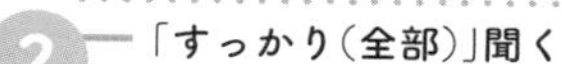

「すっかり（全部）」聞く

Don't be angry. Hear me out.

怒らないで、最後まで聞いてよ。

3 「すっかり（完全に）」売れる

The tickets are sold out.

チケットは完売です。

4 「すっかり（全て）」きれいにする

I'm going to clean out the garage this Sunday.

今週の日曜日にガレージの中をきれいにします。

普段の掃除や整理整頓で「きれいにする」のはclean up。clean outは「中のものをすっかり捨てる」「空っぽにする」ニュアンス。

Step 3 outを使った熟語

☐die out

動 絶滅する

That species of bird died out a hundred years ago.
その種の鳥は百年前に絶滅した。

☐put out ~

動（電気、明かり、火など）を消す、～を外に出す

It took about a month to put out the bush fire.
その山火事を消すのに約1カ月かかった。

☐run out

動 なくなる、切れる

Their food soon ran out.
彼らの食料はすぐになくなった。

☐cross out ~

動 ～（×をつけて）削除する

Cross out the incorrect word in each sentence.
各文の中の間違った単語に×をつけなさい。

☐leave out ~

動 ～を省略する、～を出したままにしておく

You can leave out this part.
この部分は省略できます。

☐blow out (~)

動 ～を吹き消す、風で消える、パンクする

She blew out the candles on the cake.
彼女はケーキのロウソクを吹き消した。

☐burn out (~)

建物の中が焼き尽くされたが、外観は残されているニュアンス。

動 ～を焼き尽くす、燃え尽きる

The restaurant completely burned out.
そのレストランは全焼した。

☐be rained out

動 雨で流れる

The baseball game was rained out.
野球の試合は雨で流れた。

☐pass out (~)

動 意識を失う、～を配る

She nearly passed out when she heard the news.
彼女はそのニュースを聞いて危うく気を失うところだった。

☐fade out

動 次第に消えていく、次第に小さくなる

The custom faded out in the 1950s.
その習慣は1950年代に消えていった。

☐fill out ~

動 (必要事項)を記入する

Could you fill out this form?
この書類に必要事項を記入していただけますか？

☐wear out (~)

動 ～をすり減らす、～をすっかり疲れさせる、尽きる、すり減る

My shoes are beginning to wear out.
私の靴はすり減りだしてきた。

28

away

①分離・離れて

Step 1 イメージで覚える！

徐々に遠ざかって。

「徐々に」「遠くへ」離れるaway

スポーツで「アウェイの試合 (an away game)」と言えば、本拠地から離れた敵地で行われる試合のことですが、「離れて」とか「遠くに」が副詞の away のコアイメージです。語源的には、今いる場所からどこかへ向かう途中の状態で徐々に遠ざかることに焦点があります。この点、一気に遠ざかるイメージの off とは異なります。

場所的な遠さだけでなく、時間的な遠さも表します。短期間の「外出」は out ですが、旅行や出張などで比較的長期間に渡って留守にする時には、away を使います。

Step 2 イラスト＆例文でマスター！

The duck swam away when I got near.

カモは私が近づくと泳いで逃げ去った。

The snowman is melting away.

雪だるまは徐々に溶けている。

Christmas is only a week away.

クリスマスまでもう1週間だ。

I'll be away on vacation for a few weeks.

数週間休暇で留守にします。

Step 3 awayを使った熟語

☐throw away ~

動 ～を捨てる、～を逃す

I threw away my chance to meet him.
彼に会うチャンスを逃してしまった。

☐go away

動 立ち去る、出かける

I want to go away for the weekend.
週末は出かけたい。

☐run away (with~)

動 逃げる、～を楽々と獲得する、～と駆け落ちする

The Lions ran away with the championship.
ライオンズが優勝を楽々と獲得した。

☐put away ~

動 ～を片付ける

Put your clothes away in the wardrobe.
洋服ダンスに服を片付けなさい。

☐do away with ~

動 ～を廃止する

They decided to do away with their school uniforms.
彼らは学校の制服の廃止を決定した。

☐stay away from ~

動 ～から離れている、～に近づかない、～を欠席する

I stayed away from school yesterday.
私は昨日、学校を欠席した。

☑ keep away from ~

動 ～に近づかない、～を欠席する

Children should keep away from this pond.
子どもはこの池に近づかないように。

☑ fade away

動 徐々に消えていく

The sounds faded away.
音は次第に消えていった。

☑ give away ~

動 ～をただでやる、～を配る、（秘密）を漏らす

Don't give away the secret.
その秘密は漏らさないで。

☑ pass away

die（死ぬ）の遠回しな表現。

動 亡くなる

My grandfather eventually passed away.
祖父はとうとう亡くなった。

☑ die away

動 徐々に弱まる

His anger died away.
彼の怒りは徐々に弱まった。

☑ right away

副 直ちに

Call the client right away.
直ちに顧客に電話しなさい。

29

across

①横切る・越える

Step 1 イメージで覚える！

通りに対して十字を切るように横切って。

平面的なものを「越える」across

across の語源は「十字架 (cross) のように」ですが、平面的なものを「横切る」「越える」がコアイメージです。a bank across the street（通りを越えた所にある銀行）や walk across the street（通りを歩いて渡る）ように、視点は静的でもあり、動的でもあります。
「川を泳いで渡る」は川の水平面を泳ぐので、swim across the river ですが、これを swim over the river とすることはできません。
「across ＋平面上の特定の地域」の形、例えば、across Japan なら「日本全国に」のように地域全体を表すこともあります。

Step 2 イラスト＆例文でマスター！

1 本を「横切る（交差する）」

How did you come across such a rare book?

そんな珍しい本をどこで見つけたのですか？

2 彼女を「横切る（交差する）」

I ran across her on the street this morning.

今朝、通りで偶然彼女に会った。

3 （道を）「横切った」先にある

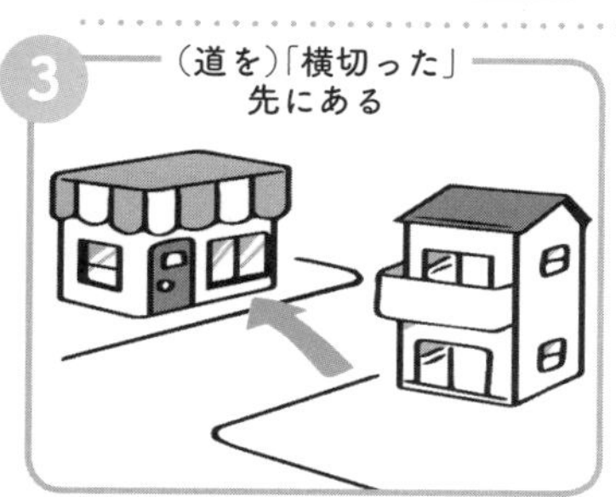

The shop is just across from my house.

その店は私の家の真向いにあります。

4 オーストラリアを「越える（全体を）」

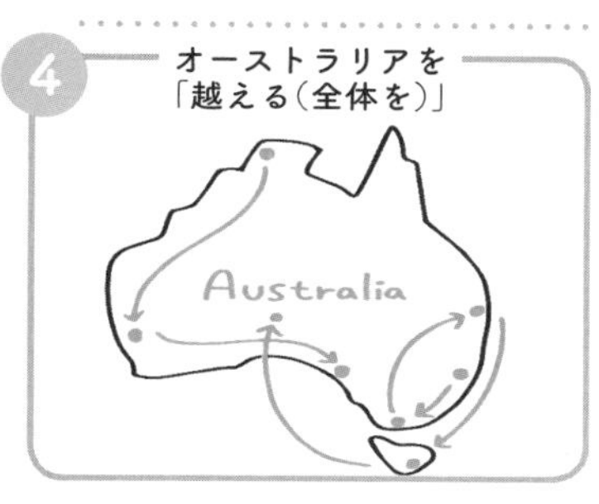

I traveled across Australia.

オーストラリア中を旅した。

30

along

①沿って・
平行して

Step 1 イメージで覚える！

川に「沿って」一緒に
「平行に」動いて。

細長いものとの平行運動を表すalong

along は「道路 (road)」、「通り (street)」、「川 (river)」 など細長いものに「沿って」という縦方向への動きがコアイメージです。walk along the river（川に沿って歩く）や **sail along the river**（川を航行する）のように、あるものに並行して進むイメージです。歩く人や航行する船は常に川の景色とともに現れることになるので、ここから「一緒に」という意味が生まれます。

along は細長いものとの平行運動が基本ですが、道路や川などに沿って、列をなして存在していたり、ある場所の一点に存在することもあります。

Step 2　イラスト＆例文でマスター！

1　道路に「沿って」

The next bus will be along in a minute.

次のバスはすぐに来ます。

2　通りに「沿って」

Go along this street and you'll find the bank on your right.

この通りを行けば右手に銀行があります。

3　通りに「沿って」

There are many restaurants along this street.

この通りにはレストランがたくさんある。

4　通りに「沿って」

The antique shop is somewhere along this street.

この通り沿いのどこかに骨董店がある。

通り沿いの、どこか1カ所にあるというニュアンス。

Step 3　alongを使った熟語

☑bring ~ along

動 ～を連れて（持って）来る

Bring your daughter along next time.
次回は娘さんを連れてきて。

☑take ~ along

動 ～を連れて（持って）行く

Take me along with you.
一緒に連れて行ってよ。

☑all along

副 ずっとはじめから

I knew it all along.
ずっとはじめからそれを知っていました。

☑along with ~

前 ～と一緒に（= together with ~）

Add milk to the flour, along with butter.
バターと一緒にミルクを小麦粉に加えます。

☑come along

動 一緒に行く

I'm going to Mike's. Do you want to come along?
マイクの所に行くけど、一緒に来ない？

☑go along

動 （ことが）進む、歩いて行く

Let's talk as we go along.
歩きながら話をしよう。

☑go along with ~

動 ～に賛成する、～と一緒に行く

I can't go along with your suggestion.
あなたの提案には賛成できません。

☑get along

動 暮らしていく、うまくやっていく

How are you getting along?
いかがお過ごしですか？

☑get along with ~

動 ～がはかどる、～と協調する

Are you getting along with Lucy?
ルーシーとうまくやっていますか？

☑move along

動 立ち止まらないで先に進む

Move along, please.
前にお進みください。

☑sing along

動（楽器や先に歌っている人に合わせて）歌う

She is singing along to the radio.
彼女はラジオに合わせて歌っている。

☑along the way

副 途中で

I lost my umbrella somewhere along the way.
途中どこかで傘をなくした。

㉛ through

①通過・終了・手段

Step 1 イメージで覚える！

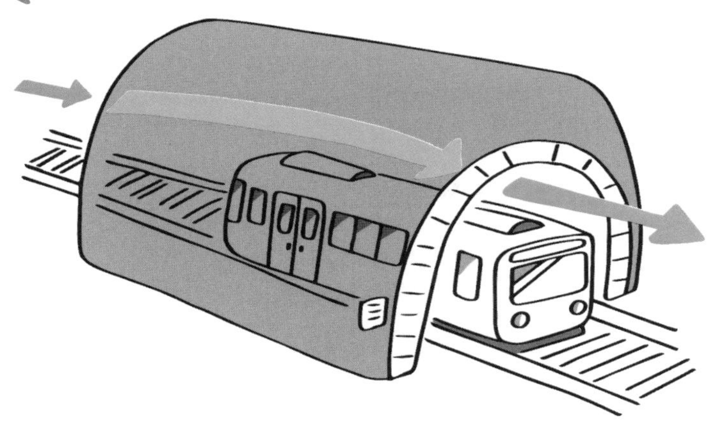

立体空間を通過して。

「終了」「手段」の意味もあるthrough

列車がトンネルに入ってから出るまでの一連の流れ、つまり、立体空間の「通過」「貫通」がthroughのコアイメージですが、the whole night through（一晩中）のように時間に当てはめることもできます。また、通過した時点に焦点を当てれば、動作や状態が「終了」したことになります。立体的なものだけでなく、walk through the park（公園を歩いて通り抜ける）のように、平面的なものでもかまいませんが、特に平面的なものの通過の場合は、「くまなく」「徹底的に」という意味が出てきます。通過するものが望遠鏡なら、through the telescope（望遠鏡を通して）から「手段」の意味も生まれます。

Step 2　イラスト＆例文でマスター！

1 ロンドンを「通過」

The river flows through London.

その川はロンドンを貫流している。

2 アメリカを「通過」

I'm traveling through America.

私はアメリカ中を旅行しています。

3 本を「終了」

Are you through with the book?

その本を読み終えましたか？

be through with ~ で「～を終える」。

4 努力という「手段」

You can only succeed through hard work.

一生懸命にやらないと成功しません。

Step 3　throughを使った熟語

☐go through ~

動 ～を通り抜ける、～を経験する、～をくまなく探す

She went through many hardships.
彼女は多くの困難を経験した。

go through with ~だと、計画や課題などを「何とかやり遂げる」という意味に。

☐go through to ~

動 ～へ直行する

This train goes through to New York.
この電車は乗り換えなしでニューヨークに行きます。

☐get through ~

動 ～を通り抜ける、（試験）に通る、～を終える

I have a lot of homework to get through.
終えないといけない宿題がたくさんある。

☐put A through to B

動 AをBにつなぐ

Could you put me through to extension 10?
内線の10番につないでいただけますか？

☐come through (~)

動 通り抜けて入る、～を切り抜ける

I'm coming through.
通ります。

「通してください」はlet ~ through（～を通す）を使い、Let me through, please.

☐see through ~

動 ～を最後までやり通す、～を見抜く

No one could see through my disguise.
誰も私の変装を見抜けなかった。

巻末付録

覚えておきたい重要語句

本書で紹介したフレーズから、会話や試験に頻出する語を厳選。
アルファベット順に掲載しているので、索引としてもご活用ください。

＊ A

＊ B

＊ C

＊ D

＊ E

＊ F

＊ G

＊ H

＊ I

＊ J

＊ K

＊ L

＊ M

＊ N

＊ O

＊ P

＊ R

＊ S

＊ T

＊ U

＊ V

＊ W

＊ Y

イラストでイメージがつかめる
英語の前置詞使いわけ図鑑

発行日　2021年11月17日　第1刷
発行日　2022年 1 月 5 日　第2刷

著者　清水 建二
イラスト　ヤギ ワタル

本書プロジェクトチーム
編集統括　柿内尚文
編集担当　小林英史
編集協力　泊久代
カバーデザイン　齋藤友貴（デジカル）
本文デザイン　青木奈美（デジカル）
DTP　山本秀一＋山本深雪（G-clef）
校正　中山祐子
英文校正　Fulford Enterprises, Ltd.
特典音声制作　ELEC録音スタジオ
特典音声ナレーター　Jennifer Okano、Howard Colefield

営業統括　丸山敏生
営業推進　増尾友裕、綱脇愛、大原桂子、桐山敦子、矢部愛、高坂美智子、寺内未来子
販売促進　池田孝一郎、石井耕平、熊切絵理、菊山清佳、吉村寿美子、矢橋寛子、遠藤真知子、森田真紀、氏家和佳子
プロモーション　山田美恵、藤野茉友、林屋成一郎
講演・マネジメント事業　斎藤和佳、志水公美

編集　栗田亘、村上芳子、大住兼正、菊地貴広
メディア開発　池田剛、中山景、中村悟志、長野太介
管理部　八木宏之、早坂裕子、生越こずえ、名児耶美咲、金井昭彦
マネジメント　坂下毅
発行人　高橋克佳

発行所　株式会社アスコム

〒105-0003
東京都港区西新橋2-23-1　3東洋海事ビル
編集局　TEL：03-5425-6627
営業局　TEL：03-5425-6626　FAX：03-5425-6770

印刷・製本　株式会社光邦

Printed in Japan ISBN 978-4-7762-1175-4

この本の感想をお待ちしています！

感想はこちらからお願いします

https://www.ascom-inc.jp/kanso.html

この本を読んだ感想をぜひお寄せください！
本書へのご意見・ご感想および
その要旨に関しては、本書の広告などに
文面を掲載させていただく場合がございます。

新しい発見と活動のキッカケになる

アスコムの本の魅力をWebで発信してます！

YouTube「アスコムチャンネル」

https://www.youtube.com/c/AscomChannel

動画を見るだけで新たな発見！
文字だけでは伝えきれない専門家からの
メッセージやアスコムの魅力を発信！

Twitter「出版社アスコム」

https://twitter.com/AscomBOOKS

著者の最新情報やアスコムのお得な
キャンペーン情報をつぶやいています！